Das Boxer ABC

Dein Weg zur körperlichen und mentalen Stärke

- Wie das Boxtraining deine emotionale Intelligenz fördert
- Übungen für die Achtsamkeit als Boxer

8) Das Mindset des Boxers – Resilienz entwickeln

- Das Beispiel von Boxlegende Floyd Mayweather Jr.
- Warum die Art zu Denken ein Schlüssel zum Erfolg ist

9) Die unterschiedlichen Boxstile

- Links & -Rechtsauslage
- Die Erklärung und die Vorteile der Boxstile
- Praxis Erklärungen der Boxschläge

10) Verschiedene Trainingsmethoden für Boxer

- Praxisbeispiele erklärt + Tipps für Anfänger und Fortgeschrittene zum Umsetzen
- Seilspringen
- Schattenboxen
- Beinarbeit
- Lauftraining
- Ernährungstipps

Abschluss + berühmte Boxer Zitate (Inspiration)

Einführung

Boxen – eine Kunst, ein Sport, eine Lebenseinstellung. In den verschwitzten Hallen der Boxgyms und auf der hellen Bühne des Rings spielt sich ein packendes Drama ab. Aber Boxen ist nicht nur ein Hingucker. Es ist ein komplexes Universum, das Körper, Geist und Seele zusammenbringt, um einen Kämpfer zu formen – nicht nur einen kämpfenden Sportler, sondern einen selbstbewussten, entschlossenen Menschen in der Arena des Lebens. Die Welt des Boxens geht weit über körperliche Aktivität hinaus. Es geht darum, sowohl gegen interne Barrieren als auch gegen externe Gegner zu kämpfen. Die Psyche des Boxers spielt eine wichtige Rolle – die Fähigkeit, Angst zu überwinden, den Geist zu fokussieren und den Willen zu trainieren. In diesem Buch werden viele Aspekte des Boxens behandelt. Außerdem erfährt man wie das Boxen einem Menschen hilft, eine bessere Version seiner selbst zu kreieren und sich Gewohnheiten aufbaut, die einen täglich besser machen und zu Quantensprüngen im echten Leben verhelfen. Boxen ist für mich eine Kunst, da man tatsächlich lernt, ständig aus seiner Komfortzone auszubrechen, sich neu zu erfinden und Erfolge in sein Leben zieht, auch außerhalb des Sports, da man das Mindset eines Kämpfers entwickelt.

Der Grund, warum ich dieses Buch schreibe? Mein Name ist Arijon Kamaj, ich verfüge über langjährige

Boxerfahrung und stand bereits mehrfach offiziell im Ring, auch auf internationaler Bühne. Im Jahr 2021 brach ich einen Boxrekord und sicherte mir im Westfälischen Meisterschaftsfinale einen K.O.-Sieg in unter 15 Sekunden. Heute bin ich 26 Jahre alt und habe mit dem Boxen begonnen, als ich 18 Jahre alt war. Schon im Alter von 7 Jahren war ich begeisterter Sportler und spielte bis zu meinem 18. Lebensjahr Fußball, darunter auch jahrelang in höheren Spielklassen und unter Leistungsdruck. Heute bin ich auch beruflich erfolgreich und leite ein Unternehmen im Immobilien-Kurzzeitvermietungsbereich. Ich kann heute behaupten, dass das Boxen meine Denkweise grundlegend verändert hat, und im Laufe der Jahre wurde mir bewusst, dass Erfolg im Leben IMMER ein Prozess ist. Ein Prozess aus Misserfolgen, Fehlern und einem langen Atem, was ich heute Durchhaltevermögen nenne. Unternehmer und Boxer zu sein, gleicht sich fast. Beide Bereiche sind zu meiner Leidenschaft geworden, und ich möchte nie wieder ohne diese Komponenten leben. Ich weiß, dass Erfolg ein langwieriger Prozess aus harter Arbeit, Disziplin, Durchhaltevermögen und vielen kleinen klugen Entscheidungen ist. In diesem Buch möchte ich mit dir teilen, wie das Boxen meine Denkweise verändert hat, und wie ich durch das Mindset eines Leistungssportlers ein erfolgreicher Unternehmer werden konnte. Solltest du denken, dass diese beiden Bereiche nichts miteinander zu tun haben, muss ich dich enttäuschen, denn erst mein Engagement im Sport hat mich dazu gebracht, diese Denkweise auch auf beruflicher Ebene anzuwenden. Natürlich gibt es viele Menschen, die ohne jemals Leistungssport betrieben zu haben, ein erfolgreiches Unternehmen aufgebaut haben. Für mich persönlich kann ich jedoch behaupten, dass mein Weg ohne den Sport anders verlaufen wäre. Die Entwicklung meines Geistes wurde auf Trainingsplätzen, im Ring und in Hallen geprägt. Ich konnte ein erstaunliches Selbstbewusstsein aufbauen und habe mit der Zeit erkannt, dass wirklich alles möglich ist, wenn man es nur richtig angeht. Hindernisse und Probleme sind Chancen zum Wachsen! In diesem Buch möchte ich dir außerdem vermitteln, wie Selbstdisziplin, unbändiger Wille zur Verbesserung und positive Gewohnheiten im täglichen Leben eine unaufhaltsame Version deiner selbst formen können.

Ein Bild aus meiner Vorbereitungsphase für die Meisterschafften im Jahre 2021. (Voller Fokus)

1) Geschichte und Grundlage des Boxens

Eine der ältesten und traditionsreichsten Sportarten auf der Welt ist Boxen. Boxen hat seine Wurzeln in der Antike, als verschiedene Kulturen bereits Kämpfe mit bloßen Fäusten betrieben haben. Allerdings wurden die Regeln und Organisation des Boxsports, wie wir ihn heute kennen, hauptsächlich im 18. und 19. Jahrhundert in England entwickelt.

Das Boxen wurde im 19. Jahrhundert zu einem geregelten Sport, der schnell in den Vereinigten Staaten und anderen Ländern an Popularität gewann. Handschuhe und feste Regeln haben das Boxen sicherer gemacht und die Zahl schwerer Verletzungen verringert.

Heutzutage gibt es eine Vielzahl von Boxformen, darunter Profi-, Amateur-, Olympische und Fitnessboxen. Obwohl sich die Regeln und Ziele für das Boxen in verschiedenen Formen unterscheiden, sind die grundlegenden Prinzipien der Boxen in allem dieselben: Zwei Kämpfer kämpfen gegeneinander, um mit ihren Fäusten zu kämpfen und Punkte zu erzielen.

Boxen als Persönlichkeitsentwicklung. Warum?

Der Boxsport hat nicht nur einen sportlichen Aspekt, sondern bietet auch einen außergewöhnlichen Weg, sich zu entwickeln. Hier sind einige Gründe, warum Boxen als eine Art Persönlichkeitsentwicklung betrachtet werden kann:

Selbstdisziplin und Willensstärke: Boxen erfordert viel Willenskraft und Selbstdisziplin. Um deine Ziele zu erreichen, müssen Kämpfer diszipliniert sein, ihre

Ernährung kontrollieren, hart und smart trainieren. Diese Eigenschaften sind nicht nur im Ring wichtig, sondern auch in anderen Bereichen des Lebens relevant.

Selbstvertrauen und Selbstbeherrschung: Boxen kann Menschen helfen, ihre Ängste zu überwinden und Herausforderungen zu bewältigen. Da es wichtig ist, die Emotionen zu kontrollieren und taktisch zu handeln, anstatt impulsiv zu reagieren, lehrt der Boxsport auch Selbstbeherrschung. Merke dir: Es ist nicht der mutig, der keine Angst hat, sondern der, der trotz Angst handelt. Angst ist menschlich, Mut erfordert Überwindung.

Körperliche Fitness und Gesundheit: Boxen ist ein anspruchsvoller Sport, der eine starke körperliche Verfassung erfordert. Die Ausdauer, Kraft, Geschwindigkeit und Beweglichkeit eines Boxers werden durch regelmäßiges Training verbessert. Dies führt zu einem gesünderen Lebensstil und einem höheren Selbstwertgefühl.

Respekt und Fairplay: Obwohl es im Boxen darum geht, den Gegner zu besiegen, ist es wichtig, den Gegner zu respektieren und fair zu sein. Um einen fairen und ehrenhaften Wettbewerb zu gewährleisten, lernen Boxer, ihre Fähigkeiten zu respektieren und die Regeln zu befolgen. Der richtige Trainer und das richtige Team weiß was es heißt ein Boxer zu sein und als standhafter Kämpfer im Ring zu stehen. Wer kein Respekt vor seinen Gegner hat, wird es in diesem Sport schwer haben.

Stressabbau und Frustrationstoleranz: Intensives Training und das Ausdrücken von Emotionen während des Boxens können helfen, Stress abzubauen und die Frustrationstoleranz zu verbessern. Boxen ist ein gesunder Weg, negative Emotionen in positive Energie umzuwandeln.

Teamarbeit und soziale Fähigkeiten: Obwohl Boxen ein Einzelsport ist, trainieren Boxer häufig in Gruppen und entwickeln soziale Fähigkeiten. Soziale Kompetenzen und Teamzusammenhalt werden durch das Teilen von Erfahrungen, das Geben und Nehmen von Feedback und die Unterstützung der Teamkollegen gefördert. Im Boxen kann man sich zwar alleine sehr weit entwickeln, aber am Ende des Tages sind es Trainingsparts wie Sparring, Partnerarbeit, Einzeltraining, Schattenboxen & vieles mehr was einen Boxer wirklich erfolgreich machen. All das wird noch im Buch angeschnitten.

Zusammenfassend kann gesagt werden, dass der Boxsport nicht nur eine körperliche Herausforderung darstellt, sondern auch eine Chance darstellt, persönliche Stärken zu entwickeln und charakterliche Eigenschaften zu fördern. Das Selbstbewusstsein, das Verantwortungsbewusstsein und die Lebensqualität insgesamt können durch kontinuierliche Selbstarbeit im Boxtraining und Wettkampf verbessert werden. Boxen ist eine einzigartige Art der Persönlichkeitsentwicklung aufgrund seiner körperlichen und mentalen Entwicklung.

2) Der Anfang des Boxabenteuers – Die Entscheidung das Boxen zu erlernen und sich neuen Herausforderungen zu stellen

Die Entscheidung, Boxen zu lernen und sich auf ein Abenteuer einzulassen, kann für viele Menschen ein entmutigender Schritt sein. Gleichzeitig ist es aber auch ein Akt des Mutes und der Entschlossenheit, sich neuen Herausforderungen zu stellen und nach persönlichem Wachstum zu streben. Die Welt des Boxens verspricht nicht nur körperliche Veränderungen, sondern auch tiefgreifendes geistiges und emotionales Wachstum.

Ein innerer Wunsch

Für viele Menschen beginnt das Boxabenteuer mit einem inneren Wunsch. Sie haben das Gefühl, dass sie mehr tun können, dass sie ungenutzte Macht haben, die nur darauf wartet, freigesetzt zu werden. Vielleicht ist es der Drang, Selbstverteidigungsfähigkeiten zu erlernen oder ein neues Hobby zu finden, das sowohl körperlich als auch geistig eine Herausforderung darstellt. Jeder Mensch hat einen anderen Hintergrund mit dem Kampfsport zu starten. Ich persönlich habe nach meiner langen Fußballlaufbahn einen Sport gesucht, der zu mir passt, in dem ich alleine antrete, in dem ich auf mich selbst gestellt bin. Boxen war genau das Richtige. Schon als Kind bewunderte ich Boxathleten wie Floyd Mayweather, Prince Naseem Hamed oder Roy Jones Jr. Boxen ist für mich nur ein Sport, sondern auch eine Persönliche Weiterentwicklung. Das was man im Boxen lernt, kann man im Leben, im Beruf, in Beziehungen und vieles mehr anwenden. Ich meine damit natürlich nicht die Art zu zuschlagen, sondern die Art zu denken, das Durchhaltevermögen, die Disziplin, das Wissen das man ein hohen Selbstwert hat. All das vermittelt einem das Boxen, wenn man es richtig anstellt.

Angst überwinden

Zu Beginn eines Boxabenteuers gehört oft die Überwindung der Angst. Angst vor dem Unbekannten, vor Traumata oder gar vor Unzulänglichkeit kann den ersten Schritt verhindern. Wer sich jedoch für den Boxsport entscheidet, lässt nicht zu, dass die Angst sein Schicksal bestimmt. Du triffst bewusste Entscheidungen, um Herausforderungen zu meistern. Wenn die Angst erst überwunden ist, wird es immer leichter.

Finde eine geeignete Boxschule

Die Entscheidung, mit dem Boxen zu beginnen, erfordert die Suche nach einer geeigneten Boxschule oder einem geeigneten Trainingszentrum. Die Auswahl kann überwältigend sein, da es so viele verschiedene Stile und Trainer gibt. Doch wer wirklich Lust auf das Boxabenteuer hat, sollte die Vielfalt nicht außer Acht lassen. Du investierst Zeit und Energie, um die beste Option für dich zu finden. Mein Tipp: Besuche nicht nur eine Boxschule und melde dich an, sondern mehrere in deiner Nähe und wähle dann weise aus. Frage dich folgendes: Gefällt mir die Halle? Ist es leicht zugänglich? Gefällt mir der Trainer? Kann ich hier besser werden? Werde ich in dieser Schule gefordert sein? Passt das Konzept zu meinen Vorstellungen und wird hier wert auf Respekt und erlernen des Boxsports gelegt? Natürlich kannst du dich auch bei Familie und Freunde schlau machen und nachfragen ob sich jemand etwas auskennt. Vielleicht hast du ja schon den einen oder anderen Boxer im Umkreis.

Das erste Boxtraining

Die erste Boxstunde ist eine große Angst. Eine neue Reise beginnt mit dem Eintritt in das Boxstudio und dem Anziehen der Boxhandschuhe. Der Coach lehrt die grundlegenden Techniken, die richtige Schlagtechnik und die Bewegung im Ring. Es ist eine Zeit, in der du neue Dinge lernen und neue Herausforderungen annehmen musst. Das ist ganz wichtig für dich. Egal wie viel Angst du haben wirst oder dich schämst, sonst was, mach es. Du wirst dir später danken. Glaub mir. JEDER hat mal klein angefangen, vergiss das niemals.

Durchhaltevermögen antrainieren

Die Kraft des Durchhaltevermögens ist in den ersten Wochen des Boxtrainings entscheidend. Die Muskeln schmerzen, weil dein Körper nicht gewohnt ist, sich so intensiv zu bewegen. Es ist notwendig, hart zu arbeiten und nicht aufzugeben. Doch in dieser Zeit entstehen auch die ersten Erfolgserlebnisse, die die Motivation erhöhen. Du entwickelst neue Fähigkeiten die spürbar sind, das Training fällt einem immer leichter, du schaffst dir die ersten Boxpartner aus´m Gym an und und und. Heißer Tipp: Übe dich in Geduld beim Boxen und starte klein (Step by Step)! Wenn du noch keine Vorerfahrung hast, dann geh das ganze bitte langsam an. Lieber 2x die Woche zum Boxtraining und dafür für die nächsten 10 Jahre als jetzt 5x die Woche und das nur 2 Monate. Geh es langsam an. In der Ruhe liegt die Kraft. Damit Du immer motiviert bist und langfristig Disziplin entwickeln willst, solltest du das ganze langsam angehen, erst Recht wenn du neu in der Materie bist.

Kampfherausforderung

Sparring ist ein echter Test im Boxtraining. Hier treffen sich die Boxer, um ihr Können zu testen. Es ist eine Zeit des Testens und Lernens, aber auch eine Zeit der Entschlossenheit. Boxer müssen sich ihren Ängsten stellen und auf dem aufbauen, was sie gelernt haben. Um wirklich Boxen zu lernen, solltest du an Sparringstagen teilnehmen. Suche dir den Partner gut aus und schaue wo Du was lernen kannst. Es ist ganz normal das Du zu beginn erstmal etwas einstecken musst, aber das macht dich stärker. Es wird erstmal etwas weh tun, aber glaub mir. Je öfter du es machst und je häufiger du dich deinen Ängsten stellst, desto selbstbewusster wirst du, im Ring und auch im Leben. Außerdem geht man mit Anfängern sehr pfleglich um, keine Sorgen.

Boxgemeinschaft

Eine weitere wertvolle Erfahrung des Boxabenteuers ist die Boxgemeinschaft. In der Boxhalle kommen Menschen mit unterschiedlichen Hintergründen und Lebensgeschichten zusammen. Sie ermutigen und unterstützen sich gegenseitig, tauschen Erfahrungen aus und geben Ratschläge. Die Boxgemeinschaft wird zu einer wertvollen Ressource, die die Kämpfer auf ihrem Weg begleitet. Das wunderschöne beim Boxen: Es spielt keine Rolle ob groß, klein, hell, dunkel, fett oder dünn. In der richtigen Boxcommunity sind alle willkommen! Boxen vereint Nationen, Herkünfte, Hautfarben und sie alle teilen eine Leidenschaft. Das Boxen!

Erste Erfolge und was sie bedeuten

Mit der Zeit stellten sich erste Erfolge im Boxen ein. Du kannst im Kampf einen sauberen Schlag ausführen oder eine komplexe Kombo perfekt ausführen. Diese kleinen Siege sind nicht nur im Sport von Bedeutung, sondern auch für die persönliche Weiterentwicklung. Sie bestätigen, dass die Entscheidung, Boxen zu lernen, die richtige war und du auf dem richtigen Weg bist. Fortschritt macht bekanntlich glücklich und jeder kämpferischer Fortschritt den du erlangst, bringt dich mehr zum Glück.

Eine stärkere Version deiner selbst

Am Ende des Boxabenteuers steht eine stärkere Version deiner selbst. Wer sich für das Boxen entscheidet und den Mut hat, sich neuen Herausforderungen zu stellen, wird eine tiefgreifende Veränderung erleben. Du bist nicht nur körperlich stärker, sondern auch geistig und emotional belastbarer. Durch das Boxen wirst du lernen, dass du mehr kannst, als du jemals für möglich gehalten hättest, und dass du die Kraft hast, deine Träume zu verwirklichen.

Das Boxabenteuer ist keine einfache Reise, aber es ist eine Reise der Selbstentwicklung, die eine stärkere, selbstbewusstere Version von uns selbst hervorbringt. Die Entscheidung, Boxen zu lernen und sich neuen Herausforderungen zu stellen, zeigt den Mut, den es braucht, um an unsere Grenzen zu gehen und unser Potenzial freizusetzen. Es war eine Reise mit Höhen und Tiefen, aber die Belohnung ist enorm, denn am Ende geht es nicht nur um sportlichen Erfolg, sondern, was noch wichtiger ist, darum, eine bessere Version von uns selbst zu entwickeln. Dies wird einen nicht nur in Trainingshallen helfen, sondern auch im echten Leben, in der Kommunikation, in der Arbeitswelt, man tritt allgemein selbstbewusster auf.

3) Die Vorteile des Boxens – Raus aus der Komfortzone und mentale & physische Stärke entwickeln

Das Boxen ist nicht nur ein körperlich anstrengender Sport, sondern fördert auch die persönliche Entwicklung sowohl körperlich als auch geistig. In diesem Abschnitt werden wir die Vorteile des Boxens betonen und wie es uns aus unserer Komfortzone herausholt und unsere mentale Stärke stärkt.

1. Boxen hat körperliche Vorteile

Boxen ist ein Ganzkörpertraining, das Ausdauer, Kraft, Geschwindigkeit, Beweglichkeit und Koordination entwickelt. Es verbessert die körperliche Fitness, indem es den gesamten Körper fordert.

Gewichtsmanagement: Regelmäßiges Boxtraining kann dir helfen, dein Gewicht besser zu kontrollieren und deinen Körperfettanteil zu verringern. Es ist ein wirksames Mittel, um den Stoffwechsel zu verbessern und gleichzeitig Kalorien zu verbrennen.

Herz-Kreislauf-Gesundheit: Die intensive Natur des Boxens stärkt das Herz-Kreislauf-System und fördert seine Gesundheit.

Selbstverteidigung: Boxen lehrt Selbstverteidigungstechniken, die im Ernstfall nützlich sein können, um sich zu schützen. Man wird im Allgemeinen körperlich selbstbewusster und baut quasi einen Rundum Schutz seiner Selbst auf.

2. Mentale Vorteile des Boxens

Entschlossenheit und Durchhaltevermögen: Um die Herausforderungen im Training und im Ring zu bewältigen, erfordert Boxen Entschlossenheit und Durchhaltevermögen. Dies führt zu einer erhöhten psychischen Stärke.

Selbstvertrauen: Wenn Boxer ihre Fähigkeiten verbessern und im Ring erfolgreich sind, stärkt dies ihr Selbstvertrauen und ihre Wahrnehmung von sich selbst. Wenn du gerade am Anfang bist und deine ersten erfolgreichen Sparringseinheiten hinter dir hast, fühlst du dich gut und erfährst wie es ist, wenn man seine Fähigkeiten entwickelt. Es ist ein tolles Gefühl für das es sich lohnt, sich ständig zu überwinden.

Stressabbau: Boxen kann ein effektiver Weg sein, negative Emotionen zu kanalisieren und Stress abzubauen. Es fungiert als Ventil, um Unzufriedenheit und Ärger loszulassen.

Im Boxen ist es wichtig, auf den Gegner zu achten und schnell zu reagieren. Dies verbessert die Fähigkeit zur Konzentration und zum Fokus im täglichen Leben.

Mentale Belastbarkeit: Boxer müssen lernen, wie sie mit Niederlagen umgehen. Dies erhöht ihre mentale Widerstandsfähigkeit und Belastbarkeit. Man entwickelt eine starke Resilienz und weiß das alles nur primär ist. Es gibt schlechte Tage und gute Tage, genauso wie es die

Sonne und den Regen gibt, wie die Helligkeit und die Dunkelheit. Verlieb dich auch in die Schattenseiten, denn sie lassen dich wachsen, weil sie dich herausfordern. Auch harte Tage sind gut für dich. Vertrau dem Prozess.

3. Verlasse deine Komfortzone so oft du kannst

Boxen bedeutet, die Komfortzone zu verlassen und sich den Herausforderungen zu stellen. Kurz erklärt: Du hast Angst, es könnte schief gehen und du könntest dich blamieren, mach es trotzdem! Es hilft Boxern, ihre Grenzen zu überwinden und zu übertreffen. Man lernt, mit Unsicherheit und Unbehagen umzugehen, was ein wichtiger Aspekt der persönlichen Entwicklung ist, indem man sich regelmäßig neuen Herausforderungen stellt. Auch im echten Leben, außerhalb des Sports ist es ein wichtiger Part immer wieder aus seiner Komfortzone rauszukommen. Wer immer das tut, was er schon kann, wird immer da bleiben, wo er schon ist. Du willst Veränderungen? Dann beweg dich raus aus der Bequemlichkeit. Wage dich in die Unbequemlichkeit und wachse an dir selbst! Da beginnt wahrer Fortschritt, in der unbequemen Zone.

4. Eine umfassende Entwicklung

Boxen ermöglicht eine ganzheitliche Entwicklung, die sowohl körperliche als auch geistige Stärke kombiniert. Es lehrt uns, dass unser Körper und unser Verstand zusammenhängen und sich beeinflussen. Die geistige Stärke, die wir im Boxen entwickeln, kann uns auch in anderen Bereichen des Lebens helfen, wie zum Beispiel im Beruf, in persönlichen Beziehungen oder bei der Bewältigung von Alltagsproblemen.

Zusammenfassend ist das Boxen nicht nur ein körperlich beanspruchter Sport, sondern auch ein nützliches Werkzeug, um mentale Stärke aufzubauen und aus der Komfortzone herauszutreten. Boxtraining fördert eine ganzheitliche Persönlichkeitsentwicklung durch die Entwicklung von Disziplin, Entschlossenheit und Selbstvertrauen.

4) Vom Zweifel zur Entschlossenheit – Wie man die inneren Ängste und Blockaden überwindet und den Mut findet, mit dem Boxtraining zu starten

Die Entscheidung, mit dem Boxen zu beginnen, kann eine tiefgreifende Veränderung im Leben bedeuten. Doch oft sind es deine inneren Ängste und Blockaden, die dich davon abhalten, den ersten Schritt zu wagen. Die Entscheidung, mit dem Boxen zu beginnen, erfordert Mut, Selbstbewusstsein und die Bereitschaft, sich seinen Zweifeln zu stellen. In diesem Kapitel schauen wir uns an, wie wir vom Zweifel zur Entschlossenheit gelangen und den Mut finden, mit dem Boxen zu beginnen.

Die Kraft der Selbstreflexion

Bevor jemand die Entscheidung trifft, mit dem Boxen zu beginnen, ist es wichtig, sich mit seinen inneren Sorgen und Ängsten auseinanderzusetzen. Selbstreflexion spielt eine wichtige Rolle, um die Gründe für Zweifel und mögliche Hindernisse zu verstehen. Es ist normal, Zweifel und Sorgen zu haben, aber ein ehrlicher Blick auf sich selbst kann Ihnen helfen, Ihre innere Welt besser zu verstehen und den Weg für Entschlossenheit zu ebnen.

Angst vor dem Unbekannten

Einer der Hauptgründe für Zweifel und Ängste ist die Angst vor dem Unbekannten. Boxen ist für viele Menschen ein neues und unbekanntes Feld. Es ist nicht nur eine körperliche Herausforderung, sondern auch eine Reise ins Unbekannte. Die Angst vor Verletzungen oder Versagen kann dazu führen, dass Sie zögern, den ersten Schritt zu wagen. Merke: Wer den Versuch nicht wagt, der kann nie gewinnen.

Die Kraft des „Was wäre wenn"-Denkens

Zweifel werden oft durch „Was wäre wenn"-Gedanken geschürt. Was ist, wenn ich nicht gut genug bin? Was ist, wenn ich mich verletze? Was ist, wenn ich es nicht kann? Diese Gedanken können lähmen und dazu führen, dass Sie keine Lust mehr haben, das Boxen auszuprobieren. Es ist jedoch wichtig zu erkennen, dass diese Gedanken hypothetische Szenarien sind und nicht die Realität widerspiegeln.

Die innere Stimme des Selbstzweifels

Die innere Stimme des Selbstzweifels kann ein mächtiger Feind sein. Sie sagte uns, dass wir nicht stark genug seien, dass wir es nicht schaffen würden und dass wir in unserer Komfortzone bleiben sollten. Aber diese Stimme bestimmt nicht unbedingt unser Schicksal. Indem wir es bewusst anerkennen und leugnen, können wir unsere innere Kritik unterdrücken und unsere Entschlossenheit stärken.

Die Bedeutung des Selbstvertrauens

Entschlossenheit beruht oft auf ein starkes Gefühl des Selbstvertrauens. Wenn Du an dich selbst und deine Fähigkeiten glaubst, bist du eher bereit, neue Herausforderungen anzunehmen und das es anzugehen. Das Selbstvertrauen kann durch positive Selbstgespräche, Erfolgserlebnisse und ein unterstützendes Umfeld gestärkt werden. Allerdings darfst du nie vergessen, dass JEDER mal klein angefangen hat, wirklich jeder. Als ich mit dem Boxen gestartet, habe auch ich mir hunderte Fragen gestellt, wie ist das richtig was ich mache? Was ist wenn sie mich verprügeln? Bin ich überhaupt gut genug? Werde ich ausgelacht? Und und und. Ich wusste es damals nicht, aber die Antwort darauf ist einfach: „Mach es einfach, es kann nur gut werden“. Die Entscheidung zu handeln, war nie schlecht.

Inspiration durch Vorbilder

Manchmal können Lösungen auch durch inspirierende Geschichten und Beispiele untermauert werden. Geschichten von Boxlegenden oder Menschen, die ihre Angst durch Boxen besiegt haben, können uns ermutigen, den gleichen Weg zu gehen. Muster zeigen uns, dass es möglich ist, unsere inneren Ängste zu überwinden und eine stärkere Version von uns selbst zu werden. Wie schon angeschnitten, fängt jeder aus unterschiedlichen Gründen mit dem Boxen an. Der eine möchte ein großer Kämpfer, werden, der andere eine Fähigkeit erlangen und sich wehren können, der andere selbstbewusster werden und wieder ein anderer möchte Freunde gewinnen, abnehmen oder zu einer Gruppe gehören. Alles davon ist ok. Das wichtigste an allem im Leben und da scheitern auch die meisten, ist das Starten in sich. Sich ins kalte Wasser zu begeben, sich der Herausforderung zu stellen und durchziehen.

Konzentriere dich auf das Positive

Anstatt von Zweifeln und negativen Gedanken überwältigt zu werden, kannst du und sollst du dich bewusst auf das Positive konzentrieren. Wenn du dich auf die Vorteile des Boxens konzentrierst, wie z. B. das Erlernen einer kämpferischen Fähigkeit, die Steigerung deines Selbstwerts, Krafttraining, Stressabbau und die Möglichkeit, neue Freunde zu finden, wird deine Entschlossenheit stärken. Ich kenne tatsächlich niemanden der es je bereut hat mit dem Boxen zu beginnen. Alle sind heilfroh das in die Wege geleitet zu haben.

Unterstützungsnetzwerk

Die Unterstützung der Gemeinschaft kann eine wichtige Rolle dabei spielen, den Mut zu finden, mit dem Boxen zu beginnen. Familie, Freunde oder Trainer können uns ermutigen und uns daran erinnern, dass wir auf dieser Reise nicht allein sind. Sich als Teil eines Unterstützungsnetzwerks zu fühlen, kann dir die Entschlossenheit und Unterstützung geben, die du brauchst.

Der erste Tag im Boxverein

Ein Schritt aus der Komfortzone ist der Moment, in dem man den Entschluss gefasst hat und ins Boxstudio geht. Es ist ein Akt des Muts und der Entschlossenheit, Ängste zu überwinden und Veränderung zu akzeptieren. Der erste Schritt markiert den Beginn einer spannenden Reise, um sich selbst zu verbessern und eine stärkere Version von sich selbst zu entdecken. Ich erinnere mich noch bei mir als ob es gestern wäre. Merke Dir: Irgendwann ist immer das erste Mal. Auch die Jungs und Mädels die du dort triffst, hatten bereits ihre ersten Boxwochen hinter sich und haben sich ihren Ängsten gestellt. Das machst Du ganz einfach auch. Freu dich lieber auf die Herausforderung und auf das Training, als zu denken das du einen auf den Deckel kriegst. Gerade zu Beginn hast du sowieso nichts mit Sparring zu tun und trainierst das ABC im Boxen und mit Gleichgesinnten die auch starten und davon gibt es fast in jedem Box-Studio reichlich.

Fazit des Kapitels:

Entschlossen, Veränderungen herbeizuführen

Die Entscheidung, mit dem Boxen zu beginnen, erfordert Mut, Selbstbeobachtung und die Bereitschaft, sich seinen inneren Ängsten zu stellen. Der Übergang vom Zweifel zur Entschlossenheit ist ein Prozess der Selbstfindung und des persönlichen Wachstums. Aber wie gesagt, es ist nicht so schlimm wie man es sich vorstellt. Anders noch, man ist sogar glücklich, nachdem man es getan hat. Aus der Komfortzone rauskommen ist das beste was du machen kannst. Indem man die Angst vor dem Unbekannten überwindet, negative Gedanken loslässt und Selbstvertrauen aufbaut, kann man den Mut finden, mit dem Boxen zu beginnen und sich auf die Reise zu einer stärkeren Version seiner selbst zu begeben. Entschlossenheit ist der Schlüssel, der Türen zu neuen Chancen und Möglichkeiten öffnet und uns auf eine transformative Reise voller Boxabenteuer führt.

5) Die Kraft des kontinuierlichen Trainings: Wie das Boxtraining dein Körper und Geist positiv formt und deine persönliche Entwicklung vorantreibt

Boxtraining ist nicht nur eine Kampfkunst, sondern auch ein wirkungsvolles Werkzeug für die körperliche und geistige Entwicklung. Die ständige Hingabe an das Training formt nicht nur den Körper, sondern auch den Geist und stärkt das Selbstvertrauen. In diesem Kapitel befassen wir uns mit den transformativen Auswirkungen des Boxtrainings und wie es dir hilft, dich als Sportler zu formen und authentisch auszusehen.

Körperliche Transformation durch Boxtraining

Das Boxtraining kann anfangs schwierig sein, aber mit ständiger Hingabe und Anstrengung zeigen sich körperliche Veränderungen. Boxen ist ein intensives Ganzkörpertraining, bei dem die gesamte Muskulatur beansprucht wird. Schlagkraft, Schnelligkeit, Ausdauer und Beweglichkeit werden verbessert, die Muskulatur gestärkt und geformt.

Beim Boxtraining liegt der Schwerpunkt auf der Körpermitte, die oft als „Kern" bezeichnet wird. Durch das Drehen und Schwingen des Oberkörpers zur Ausführung von Schlägen wird die Körpermitte kontinuierlich trainiert und gestärkt. Ein starker Rumpf ist nicht nur für die Leistung im Boxring wichtig, sondern auch für die Stabilität im Alltag und den Schutz der Wirbelsäule. Wie ich schon oft erwähnte hat Boxen nicht nur sportliche Vorteile, sondern auch massiv viele Vorteile im echten Leben. Das ist es ja, was den Sport so besonders macht.

Die Bedeutung der Ausdauer

Da Boxkämpfe häufig mehrere Runden dauern, ist das Ausdauertraining sehr wichtig. Ein klassischer Amateurkampf geht 3x3 Minuten, also 3 Runden A 3 Minuten. Große Profiboxkämpfe zwischen 10-12 Runden A 3 Minuten. Intensives Training stärkt das Herz-Kreislauf-System, verbessert die Lungenkapazität und verbessert die Sauerstoffversorgung im Körper. Gesteigerte Ausdauer erhöht die Energieeffizienz und erleichtert die Bewältigung körperlich anspruchsvoller Aufgaben im Alltag.

Die Athletik im Boxen

Der Boxer hat ein athletisches Aussehen, weil er Kraft, Schnelligkeit und Ausdauer hat. Denke an Boxer wie Wladimir Klitschko, Anthony Joshua oder Floyd Mayweather deren Athletik Weltklasse ist. Falls jemand denkt das Boxen viel Krafttraining, Kloppen und Härte ist, der täuscht sich gewaltig. Es ist eher ein Mix aus **Rhythmus, Athletiktraining, Smartness & Schnelligkeit**. Die Körperhaltung ist aufrecht, die Muskeln sind definiert und die Bewegungen sind schnell und gleichzeitig kraftvoll, weil ein Boxer weiß wie er sein Körper bei jedem Schlag zu verlagern hat. Ein athletisches Aussehen zeigt nicht nur körperliche Leistungsfähigkeit, sondern auch ästhetische Attraktivität. Das wiederrum ist ein riesen Vorteil im echten Leben, außerhalb des Boxgyms.

Geist der Kampfkunst

Boxen formt nicht nur den Körper, sondern auch den Geist. Disziplin, Ausdauer, Konzentration und Selbstbeherrschung sind wesentliche Eigenschaften eines Boxers. Indem man sich auf Training und Technik konzentriert, lernt man, seinen Geist zu fokussieren und Ablenkungen zu reduzieren. Diese mentalen Fähigkeiten sind nicht nur im Ring, sondern auch im Alltag wichtig, um klare Entscheidungen zu treffen und sich auf die wichtigsten Ziele zu konzentrieren.

Vertrauen und Authentizität

Boxtraining stärkt das Selbstvertrauen auf verschiedenen Ebenen. Die körperliche Transformation führt zu einer Steigerung des Selbstbewusstseins. Im Boxen erlernte Fähigkeiten wie Schlagtechniken und Kampfstrategien geben dir das Selbstvertrauen, sich zu verteidigen und erhöhen deine Sicherheit in gefährlichen Situationen.

Die Authentizität des Boxtrainings fördert zudem die Entwicklung eines starken Selbstbildes. Boxen erfordert Ehrlichkeit und Authentizität. Die Auseinandersetzung mit den eigenen Schwächen und Stärken fördert die Selbstakzeptanz und die Entwicklung einer authentischen Persönlichkeit. Wichtiger Hinweis: Wenn du deine boxerische Fähigkeiten auf der Straße gnadenlos ausnutzt, gegen schwächere, bist du diesen Sport nicht wert. Der richtige Trainer müsste es dir beibringen das, dass Boxen auf der Straße nichts verloren hat. Ich sage nicht, das man sich angreifen lassen soll oder schlagen lassen soll, wenn es mal passiert, aber Streit und Auseinandersetzungen aus dem Weg gehen, erst Recht weil man weiß was man kann, ist der richtige Weg als Boxathlet.

Die Fähigkeit, Herausforderungen gerne anzunehmen

Das Boxtraining ist ein ständiger Prozess der Verbesserung. Boxer werden ständig auf die Probe gestellt, unabhängig davon, ob sie im Training sind oder tatsächliche Kämpfe bestreiten. Man entwickelt die Fähigkeit, mit Herausforderungen im Leben besser umzugehen, indem man Hindernisse überwindet und neue Techniken erlernt. Das Boxen lehrt, dass Rückschläge normal sind und man aus ihnen lernen kann, um stärker zu werden. Fehler sind immer eine Lernchance, so ist es auch im

Leben. Du wirst immer mal schlechte Tage haben, dominiert werden vom Sparringspartner, vielleicht K.O. gehen, aber das sind nichts als Lerneinheiten. Es ist nie ein Grund aufzugeben, sondern immer Chancen an sich zu wachsen.

Eine Lebensweise, die alles umfasst

Darüber hinaus fördert das Boxtraining eine ganzheitliche Lebensweise. Es fördert eine gesunde Ernährung und regelmäßiges Training, was sich positiv auf das Wohlbefinden und die körperliche Gesundheit auswirkt. Da das Training Stress abbaut und eine positive Wirkung auf die Stimmung hat, wird auch die geistige Gesundheit gefördert. Wenn Du mit dem Boxen startest, heißt es nicht das du dich für den nächsten offiziellen Kampf vorbereiten sollst, nein. Selbst wenn Du nur die Fähigkeit des Boxens erlernen willst, empfehle ich das auf einer Routine aus Training, etwas Ernährung und Wille zu tun. Es ist nicht wichtig das du der große Kämpfer wirst und an großen Meisterschafften teilnimmst, falls doch, auch gut. Dann wird es wohl zu deiner Leidenschaft geworden sein. Meinen ersten Boxkampf habe ich nach ca. 9 Monaten Boxtraining mit Erfolg bestritten, zwar noch etwas unerfahren, aber sehr gut für mich. Ich habe schnell die Leidenschaft dieses Sports entdeckt und wollte schnell in den Ring um mein können unter Beweis zu stellen. Das heißt aber nicht, dass es jeder so machen ist. Ich habe ebenfalls Freunde die ich jede Woche beim Boxtraining treffe und das Boxen als Ausgleich oder Hobby sehen. Die meisten von ihnen die es konstant machen sind absolut glücklich angefangen zu haben. Es hilft ihnen enorm im Alltag und sie fühlen sich einfach alles in allem besser und selbstbewusster.

Boxring als Metapher für das echte Leben

Der Boxring wird oft als Metapher für das Leben angesehen. Im Ring musst du dich der Herausforderung stellen, aufstehen, wenn du niedergeschlagen wirst, und weiterkämpfen, auch wenn du erschöpft bist. Die im Boxen gelernten Lebenslektionen wie Ausdauer, Disziplin, Fairness und Respekt können direkt auf das Leben außerhalb des Rings angewendet werden. Man entwickelt in der Regel eine starke Resilienz gegenüber Situationen, die einem im Leben sehr zu Gute kommen.

Fazit: Die transformative Kraft des Boxtrainings

Boxen ist mehr als nur eine Kampfkunst – es ist eine kraftvolle Methode für die körperliche und geistige Entwicklung. Ein unerschütterliches Engagement für das Training, die Formung des Geistes und den Aufbau von Selbstvertrauen. Das athletische Auftreten und die authentische Persönlichkeit, die ein Mensch durch das Boxen entwickelt, spiegelt sich nicht nur im Äußeren wider, sondern prägt auch das Selbstbild im Inneren. Die Fähigkeit, Herausforderungen anzunehmen, ein ganzheitlicher Lebensstil und die Lehren des Boxens als Metapher für das Leben machen das Boxtraining zu einer tiefgreifenden und transformierenden Erfahrung, die nicht nur den Körper, sondern auch den Körper und sogar die Seele stärkt. Win Win würde ich sagen!

6) Wie das Boxen dich lehrt, aus Misserfolgen zu lernen und weiter zu machen: Fehler als Lernchance!

Boxen ist nicht nur ein Sport, in dem du gewinnest oder verlierst. Jeder Boxer, egal wie gut oder erfahren er ist, hat schon einmal verloren. Aber es geht nicht darum, wie oft man zu Boden fällt, sondern wie oft man wieder aufsteht, sowohl im Boxen als auch im Leben. In diesem Kapitel werden wir die nützlichen Lektionen des Boxens über das Überwinden von Niederlagen und den Fortschritt im Ring und im täglichen Leben diskutieren.

Rückschläge im Boxen

Rückschläge gehören zum Boxen wie zum Training selbst. Im Ring gibt es nur einen Sieger zwischen zwei Kämpfern. Das bedeutet, dass einer der Kämpfer verliert. Obwohl dies viele Menschen entmutigen mag, erkennen erfahrene Boxer, dass Niederlagen ein natürlicher Bestandteil des Boxens sind. Sie dienen dazu, Schwächen aufzudecken, Fehler zu erkennen und neue Motivation für das Training zu finden. Auch im Sparring wist du erkennen das nicht immer alles glatt läuft und du viele Runden verlierst. Das ist ganz normal und passiert auch Weltmeistern unserer Zeit. Das bedeutet nichts und erst recht nicht, dass Du nicht für den Sport gemacht bist. Lerne aus diesen Tagen und nutze sie als treibende Kraft. Jeder Fehler, jeder Niederschlag ist immer auch ein Geschenk für deine Zukunft, sowohl im Boxen als auch im Leben. Diese Dinge formen dich und deinen Charakter. Meine Niederlagen haben sich als stärkste Erfahrung in meiner Boxkarriere erwiesen. Sie haben mir die Fehler so richtig gezeigt und ich habe sie am eigenen Leibe erfahren. Beim Boxen ist es halt so, dass man die Fehler meistens am eigenen Leibe erfährt, mag hart klingen, aber so nimmt man es ernster. Jede Niederlage war für mich wieder ein weiterer Schritt in Richtung Verbesserung und Selbstreflexion. Also nimm auch du die Niederlagen und Fehler mit und mach das Beste draus.

Die Kunst des Aufstehens

Eines der wertvollsten Dinge, die man beim Boxen lehrt, ist die Kunst des Stehens. Jedes Mal, wenn ein Boxer fällt, hat er die Wahl: Aufgeben oder Aufstehen. Es ist eine Entscheidung, die nicht nur im Ring, sondern auch im Leben getroffen werden muss. Boxen lehrt uns, dass Rückschläge und Misserfolge nicht das Ende sind, sondern eine Gelegenheit, zu lernen und gestärkt daraus hervorzugehen. Das bedeutet nicht, dass wenn Du jetzt die ersten Wochen zum Training gehst und sofort K.O. geschlagen wirst, weil du ja sowieso langsam rein startest bis es ins Sparring geht. Aber mit den Monaten wirst du wahrscheinlich auch Sparringsrunden erleben die dich aus deiner Komfortzone rauslocken werden und du deinen inneren Schweinehund besiegen musst. Da entsteht Selbstbewusstsein und Leidenschaft. Eventuell auf eine andere Art und Weise, aber nimm es mit. Du wirst dir danach danken, glaub es mir.

Aus Fehlern lernen

Im Boxen ist jeder Misserfolg eine Lektion. Erfolgreiche Boxer nehmen sich die Zeit, ihre Kämpfe (Sparringseinheiten) zu analysieren, um zu verstehen, was schief gelaufen ist und wie sie sich verbessern können. Dieser Lernprozess ist entscheidend für das persönliche Wachstum und den Fortschritt im Sport. Es erfordert Ehrlichkeit und die Bereitschaft, Fehler zu akzeptieren, aber es ist der Schlüssel zu kontinuierlicher Verbesserung. Fehler = Lernchance. Es gibt eine schöne Regel für den Erfolg: Wer trackt, der gewinnt. Alle großen Sportler, Rennfahrer oder Unternehmer haben eines gemeinsam, sie tracken ihre Ergebnisse, machen sie messbar und verbessern sich dadurch, indem sie immer wissen wo sie derzeit stehen.

Entwickeln von geistiger Belastbarkeit

Boxen ist nicht nur ein körperlich anstrengender Sport, sondern auch eine geistige Herausforderung. Nach einer Niederlage kann es leicht passieren, dass man von Selbstzweifeln und negativen Gedanken überwältigt wird. Aber erfolgreiche Boxer lernen, ihre mentale Belastbarkeit zu entwickeln. Du wirst lernen, negative Gedanken zu kontrollieren, dich selbst anzustrengen und entschlossen zur Praxis zurückzukehren. Es geht immer weiter.

Körperliche und emotionale Belastbarkeit

Durch die Erfahrung des Scheiterns entwickeln Boxer eine beträchtliche körperliche und emotionale Belastbarkeit. Sie lernen, mit Schmerz und Enttäuschung umzugehen, sich körperlich und geistig zu stärken und weiterzumachen. Diese Belastbarkeit ist nicht nur beim Boxen wichtig, sondern auch in vielen Lebenssituationen, in denen ein Scheitern vorprogrammiert ist. Zu scheitern bedeutet nicht verloren zu haben, sondern mal wieder gelernt zu haben. Der Weg des Erfolgs ist immer auch mit Niederlagen, Hindernissen und Problemen gewidmet. Darauf kannst du dir sicher sein. Das schöne daran ist, dass wir durch all diese

Dinge stärker, besser und erfahrener werden. Also nutze diese Meilensteine auf deinem Weg.

Bedeutung einer positiven Einstellung (das richtige Mindset)

Eine positive Einstellung ist beim Boxen sehr wichtig, insbesondere nach einer Niederlage. Wie ein Boxer mit Misserfolgen umgeht, kann den Unterschied zwischen einer kurzen und einer langen, erfolgreichen Karriere ausmachen. Beim Boxen lernen wir, dass eine positive Einstellung entscheidend ist, um voranzukommen und das Beste aus jeder Situation zu machen.

Respektiere deinen Gegner und dich selbst

Boxen lehrt auch Respekt, respektiere deinen Gegner und dich selbst. Nach einem Kampf, ob Sieg oder Niederlage, ist es wichtig, deinen Gegner zu respektieren. Boxen lehrt, dass wir alle Menschen sind und uns gegenseitig respektieren und unterstützen sollten, egal wie das Ergebnis ausfällt. Bedanke dich am besten auch nach guten Sparringseinheiten beim Gegner und schätze das Training wert. Respekt und Boxen sind zwei zu einander passende Schuhe. Wenn Du dich beim Boxen anmelden willst nur um anderen Leuten zu zeigen das du kämpfen kannst, dann hast du es nicht verstanden und hast im Boxen nichts verloren.

Boxen kann aus dir einen disziplinierteren, respektvollen & selbstbewussteren stärkeren Menschen machen. So sollte es auch sein!

Vom Boxring bis zum Alltag

Die Lektionen, die das Boxen über die Überwindung von Misserfolgen lehrt, können direkt auf den Alltag angewendet werden. Im Leben stehen wir vor vielen Herausforderungen und Misserfolgen. Ganz gleich, ob es sich um einen Misserfolg in der Karriere, persönliche Frustration oder zwischenmenschliche Konflikte handelt: Boxen lehrt uns, dass es nie aufhört, solange man den Willen hat, aufzustehen und weiterzumachen. Durch das Boxen entwickelt man also nicht nur seine Fähigkeiten zu kämpfen, sondern auch seine Persönlichkeit weiter. Eins hab ich für mich gelernt, eine starke Persönlichkeit zu entwickeln und selbst zu sehen das man kontinuierliche Fortschritte macht, macht wirklich glücklich.

Wachsen durch Misserfolge

Letztendlich lehrt uns das Boxen, dass Wachstum oft aus Misserfolgen resultiert. Wenn wir uns Herausforderungen stellen und Rückschläge überwinden, wachsen und entwickeln wir uns als Menschen. Boxen erinnert uns daran, dass Scheitern Teil des Weges zum Erfolg ist und dass es uns die Möglichkeit gibt, stärker und weiser zu werden.

Fazit: **Niederschläge sind wertvolle Lektionen**

Boxen lehrt uns, dass Verlieren ein natürlicher Teil des Lebens ist, aber nicht das Ende bedeuten muss. Stattdessen sind es wertvolle Lektionen, die uns helfen, zu wachsen, uns zu verbessern und voranzukommen. Die Kunst, aufzustehen, aus Fehlern zu lernen, mentale und emotionale Belastbarkeit zu entwickeln und die Gegner und sich selbst zu respektieren, sind die Lektionen, die uns das Boxen über die Überwindung von Rückschlägen lehrt. Diese Lektionen sind nicht nur im Ring relevant, sondern können direkt auf den Alltag angewendet werden. Boxen lehrt uns, dass es nie endet besser zu werden und dass diese Denkweise es uns ermöglicht, jeder Herausforderung, sei es im Ring oder im Alltag, mit Entschlossenheit und Belastbarkeit zu begegnen.

Boxen und Selbstbeherrschung: Wie das Boxtraining deine emotionale Intelligenz und Impulskontrolle fördert

Das Boxen ist nicht nur ein Kampfsport, sondern auch eine Schule für emotionale Intelligenz und Selbstbeherrschung. Im Ring stehen sich zwei Kämpfer gegenüber, die sowohl körperliche als auch geistige und emotionale Kräfte kontrollieren müssen. In diesem Kapitel werden wir sehen, wie Boxtraining die emotionale Intelligenz und die Fähigkeit zur Kontrolle von Impulsen fördert.

Die Bedeutung emotionaler Intelligenz im Boxen

Emotionale Intelligenz ist die Fähigkeit, die eigenen Emotionen zu erkennen, zu verstehen und zu kontrollieren sowie sensibel auf die Emotionen anderer zu reagieren und darauf zu reagieren. Beim Boxen ist emotionale Intelligenz wichtig, da Emotionen einen großen Einfluss auf deine Leistung im Ring haben können. Ein Boxer muss in der Lage sein, seine eigenen Emotionen zu regulieren und die Emotionen seines Gegners zu erkennen, um strategisch zu kämpfen und die richtigen Entscheidungen zu treffen.

Selbstbeherrschung beim Boxen

Eine wichtige Fähigkeit im Boxtraining ist die Selbstbeherrschung. Um Techniken präzise und effektiv auszuführen, muss ein Boxer seine Impulse kontrollieren können. Um unberechenbare Angriffe oder defensive Reaktionen zu vermeiden und konzentriert und ruhig zu bleiben, ist es wichtig, Impulse zu kontrollieren. Schau dir mal große Kämpfe an, wie die von Vasily Lomachenko, Gervonta Davis, Canelo oder Devin Haney. Sie alle betreten den Ring nicht nur mit vollem Fokus, sondern auch mit innerer Gelassenheit und Zuversicht. Es ist immer wieder schön zu erkennen auf was für ein weltmeisterliches Level man aufsteigen kann und wie das Boxen einen Charakter formt. Wer emotional in den Ring geht, kämpft meist unkontrolliert und dumm. Mach das gegen einen erfahrenen Kämpfer und er boxt dich smart aus. Es ist egal in welcher Situation du im Ring bist, beherrsche dich und wandle, falls Wut aufkommt, deine Wut in Konzentration um.

Die Rolle der Emotionsregulation im Ring

Die Gefühle können im Boxring hochkochen. Ein Boxer kann während eines Kampfes viele Gefühle erleben, darunter Wut, Angst, Freude und Euphorie. Um kluge Entscheidungen zu treffen und nicht in

Panik oder Aggression zu verfallen, ist eine effektive Emotionsregulation entscheidend. Um klar zu denken und taktisch zu handeln, muss ein Boxer seine Emotionen kontrollieren können. Wer mit Wut oder Aggression in den Ring geht, kann in der Regel einpacken. Derjenige der selbstsicher, fokussiert und gelassen eintritt wird den Aggressiven immer eine weite nasenlänge vor raus sein und ihn in der Regel voll im Griff haben. Wer seine Emotionen kontrolliert und seine Wut und Konzentration umwandelt, der ist mächtig. Es gab mal einen Kampf um mehrere Gürtel im Leichtgewicht zwischen Teofimo Lopez und George Kambosos. Teofimo Lopez, zu dem Zeitpunkt ungeschlagener Weltmeister hat den Ring voller Emotionen, Wut und Euphorie betreten und wurde schon in der ersten Runde zum ersten Mal in seiner Karriere zu Boden geschickt und verlor schließlich nach 12 Runden nach Punkten den Kampf. Der Grund für seine Wut war, dass er sich provozieren lassen hat vom Gegner auf den Pressekonferenzen und musste dafür seine erste Niederlage als Profi einstecken und verlor wegen seinen Emotionen noch alle Gürtel. Was sagt uns das? In der Ruhe liegt die Kraft. Als Boxer sollte man sich gerade als Kämpfer nicht provozieren lassen und nicht auf emotionale Wortgefechte einlassen, außer es dient zur Schau. In Amerika ist der Trash Talk großer Teil der Show. Ohne diesen wären Kämpfer wie Floyd

Mayweather und Connor McGregor nicht so bekannt wie sie es heute sind. Natürlich gehört auch der kämpferische Aspekt und der Erfolg dazu, aber gezielter Trash Talk um Fans anzulocken ist Teil der Szene im Kampfsport.

Die Rolle des Trainers bei der emotionalen Entwicklung

Trainer spielen eine wichtige Rolle in der emotionalen Entwicklung eines Boxers. Ein guter Coach erkennt die emotionalen Bedürfnisse des Boxers und unterstützt ihn bei der Entwicklung von Selbstbeherrschung und emotionaler Intelligenz. Der Trainer vermittelt Techniken zur Regulierung von Emotionen, zur Motivation des Boxers und zur Förderung eines positiven Selbstbildes. Ein guter Trainer kann sich gut in deine Lage versetzen und dir schnell aufzeigen was du verbessern kannst.

Mit Scheitern und Scheitern konfrontiert

Verluste und Rückschläge gehören zum Boxen ebenso dazu wie das Leben. Wie ein Boxer mit diesen Rückschlägen umgeht, ist für seine emotionale Entwicklung wichtig. Boxen lehrt, dass Scheitern nicht das Ende ist, sondern wertvolle Lektionen, die es zu lernen gilt. Dies hast du schon im vorherigen Kapitel gelernt. Ein Boxer muss lernen, mit Enttäuschungen umzugehen und nach einer Niederlage stärker zu werden.

Die Bedeutung von Empathie im Boxen

Empathie, die Fähigkeit, sich in die Emotionen anderer hineinzuversetzen, ist beim Boxen sehr wichtig. Ein Boxer muss in der Lage sein, die Emotionen seines Gegners zu erkennen und angemessen zu reagieren. Empathie ermöglicht es dem Boxer, sich in die Lage seines Gegners zu versetzen und mögliche Strategien vorherzusehen. Viele Boxer pflegen zu sagen, dass das Boxen wie Schach spielen ist. Man wittert immer Chancen und begibt sich dann in die richtige Zone um den Gegner auszukontern.

Die Rolle von Meditation und Achtsamkeit im Boxtraining

Meditation und Achtsamkeit sind wichtige Werkzeuge zur Förderung der emotionalen Intelligenz und Selbstbeherrschung beim Boxtraining. Durch Meditation lernt ein Kampfsportler, den Geist zu beruhigen und sich auf den gegenwärtigen Moment zu konzentrieren. Achtsamkeit ermöglicht es einem Kämpfer, seine Emotionen wahrzunehmen und zu akzeptieren, ohne von ihnen überwältigt zu werden. Ich selbst kann sagen das Meditation mir sehr hilft und kann es nur jedem empfehlen. Gerade an Regenrationstagen, an dem du nicht trainierst und nicht auf körperliche Beanspruchung gehst, sehr zu empfehlen. Wichtig zu verstehen, ist auch das dein

Körper Pausen und regenerative Zeit benötigt. Auch eine Batterie muss aufladen. Überanspruch dich nicht und gehe über dein Limit. Natürlich wird es Trainingseinheiten geben, in denen du voll aus dir rauskommst, aber gib deinem Körper auch Zeit für regenerative Pausen. Da entsteht nämlich auch das Wachstum und deine Batterie lädt auf. Zu schnell zu viel ist nie gut. Was gut ist, ist langsam aber sicher und langsam immer steigern. Es soll Fortschritte bringen und nicht die innere Batterie zum brennen bringen. Hör auf die Signale deines Körpers.

Die Verbindung zwischen Körper und Geist im Boxen

Das Boxen lehrt uns, wie eng Geist und Körper miteinander verbunden sind. Starke emotionale Intelligenz verbessert die körperliche Leistung im Ring und umgekehrt. Boxer entwickeln durch das Training im Ring eine tiefere Verbindung zu ihrem Körper und lernen, ihre körperlichen und emotionalen Reaktionen zu koordinieren. Man lernt oft bis an seine Grenzen und darüber hinaus zu gehen. Das mag im ersten Moment beängstigend klingen, ist es aber nicht. Es wird automatisch kommen, je mehr du dich in den Sport rein steigerst und du wirst sogar glücklich sein an diese Punkte zu kommen, weil persönliche Entfaltung gut ist.

Fazit: Die transformative Kraft des Boxens und der Selbstbeherrschung

Durch das Training im Ring lernen Kämpfer, Emotionen zu regulieren, Impulse zu kontrollieren und sich auf den gegenwärtigen Moment zu konzentrieren. Emotionale Regulierung und Selbstkontrolle sind nicht nur im Ring wichtig, sondern können in vielen Lebensbereichen angewendet werden. Boxtraining fördert die Entwicklung einer starken emotionalen Intelligenz, die dem Boxer nicht nur hilft, ein besserer Boxer, sondern auch ein ausgeglichener und authentischer Mensch zu werden. Die Geist-Körper-Verbindung beim Boxen zeigt uns, dass emotionale Intelligenz und Selbstbeherrschung untrennbar miteinander verbunden sind und dass Boxen ein kraftvoller Weg ist, beides zu entwickeln und unsere Persönlichkeit zu stärken.

Das Mindset des Boxers – Resilienz entwickeln + Floyd Mayweather Beispiel

Die richtige Mentalität ist ein wichtiger Faktor für den Erfolg im Boxsport. Es geht nicht nur darum, körperlich gesund zu sein, sondern auch darum, eine starke mentale Einstellung zu entwickeln. Unverwüstlicher Mut und großer Erfolg durch Lange und harte Arbeit haben Boxer wie den legendären Floyd Mayweather gemacht. In diesem Kapitel untersuchen wir die Bedeutung der Denkweise beim Boxen, wobei wir uns auf Floyd Mayweather als Paradebeispiel konzentrieren und sehen, wie seine Denkweise ihm nicht nur dabei half, der beste Boxer der Welt zu werden, sondern auch, was für ein erfolgreicher Geschäftsmann er nach seiner Karriere wurde.

Mindset im Boxen

Die Einstellung, die ein Boxer gegenüber dem Sport und dem Training hat, wird als Mindset im Boxen bezeichnet. Es geht darum, sich Ziele zu setzen, hart zu arbeiten, an sich selbst zu glauben und Herausforderungen zu akzeptieren. Um Rückschläge zu überwinden, um aus Niederlagen zu lernen und wieder aufzustehen, ist ein resilientes und erfolgreiches Denken entscheidend. Wichtig zu verstehen ist nicht nur für jeden, der in den Ring gehen will, sondern auch für jeden Menschen der was schaffen will, dass Mut nicht bedeutet, keine Angst zu haben, sondern dass der Mutig ist, der trotz Angst handelt. Beinahe jeder Kämpfer hat Angst vor seinen Kämpfen, aus folgenden Gründen: Zum einen, weil viel auf dem Spiel steht, weil man es publik macht, weil so viele Menschen zu gucken, weil viele auch was erwarten, weil viele wegen dem Kämpfer gekommen sind, Angst zu verlieren, KO zu gehen und und und, ABER das entscheidende was den Gewinner vom Verlierer unterscheidet, SIE MACHEN ES TROTZDEM und freuen sich sogar auf die Challenge. Insgeheim sollte man immer wissen, dass es einen stärker, mutiger, selbstbewusster und erfahrener macht! Das ist etwas sehr Schönes im Boxen. Man hat immer wieder die Chance seine Komfortzone zu verlassen! Es geht nicht darum die Erwartungen anderer zu erfüllen, erfülle deine eigenen. Ein Mensch entscheidet sich mit dem Boxen beginn aus den verschiedensten Gründen, aber eins sollte im Vordergrund stehen: Du SELBST, deine eigenen Bedürfnisse.

innere Widerstandskraft - Resilienz

Belastbarkeit ist eine der wichtigsten Eigenschaften, die ein Boxer haben sollte. Im Ring kann es zu Misserfolgen und Rückschlägen kommen, aber ein belastbarer Kämpfer gibt niemals auf. Floyd Mayweather ist ein leuchtendes Beispiel für diese Qualität. Er hat in seiner Karriere viele große Kämpfe gehabt, aber er hat nie aufgegeben, egal wie schwierig die Situation war. Belastbarkeit ermöglicht es einem Boxer, sich von Rückschlägen zu erholen und gestärkt daraus hervorzugehen. Er pflegte zu sagen: „Great Athletes perform better under pressure, so put pressure on me." Auf Deutsch: Große Athleten bringen unter Druck bessere Leistungen, also setzen Sie mich unter Druck. Damit wollte er der Presse, der Welt, den Zuschauern zeigen das ihn all das einfach nur stärker macht.

Floyd Mayweather: Der beste Boxer der Welt

Floyd Mayweather gilt als einer der größten Boxer aller Zeiten. Seine beeindruckende Karriere kann auf eine ungeschlagene Bilanz von 50 Profikämpfen zurückblicken und einigen Amateurkämpfen, darunter eine Olympia Bronze Medaille. Seine ungeschlagenen Rekord- und Ringfähigkeiten brachten ihm den Spitznamen „Money" ein. Floyd Mayweather hat es dank harter Arbeit, Entschlossenheit und einer außergewöhnlichen Denkweise an die Spitze geschafft.

„Wer der Beste sein will, muss Überstunden machen"

Dieses Zitat von Floyd Mayweather zeigt seine Einstellung und Arbeitsmoral. Mayweather weiß, dass Erfolg im Boxen keine Überraschung ist. Um der Beste zu sein, muss man mehr tun als andere. Um an die Spitze zu gelangen, sind intensives Training, Ausdauer und unermüdlicher Einsatz unerlässlich. Mayweather wusste das nicht derjenige der beste ist, der das meiste Talent hat, der schnellste ist oder der mutigste, sondern der, der smart boxt und trainiert, sich optimal vorbereitet und unermüdlich trainiert und regeneriert, egal wie man sich manchmal fühlt. Außerdem kann ein Boxer, siehe Floyd Mayweather, ein hoher Grad an Mentaler Stärke und die Kraft des Großen Denkens auch zu Höchstleistungen bringen. Es gibt Sportler & Menschen die keine Motivation mehr von Außen benötigen, die Disziplin ist schon unter die Haut gegangen, da sie die Motivation schon weit übertroffen hat.

Das richtige Mindset ist die Grundlage für den Erfolg

Mayweathers Erfolg im Boxen beruht nicht nur auf seinen körperlichen Fähigkeiten, sondern auch auf seiner geistigen Verfassung. Er hat das Selbstvertrauen, an sich selbst zu glauben und hat keine Angst vor Herausforderungen. Er ist bereit, es mit den besten Boxern der Welt aufzunehmen und verbessert sich ständig. Bis heute hat noch kein Boxer so viele Weltmeister geschlagen wie Floyd.

Die Bedeutung der Vorbereitung

Mayweather ist nicht nur ein talentierter Boxer, sondern auch ein hervorragender Beobachter. Er studiert seine Gegner sorgfältig, analysiert ihre Stärken und Schwächen und skizziert Strategien, um sie zu besiegen. Seine gründliche Vorbereitung hat ihm das Selbstvertrauen gegeben, das er im Ring braucht. Wer seine Gegner trackt, ist immer ein Schritt weiter. Die erfolgreichsten Sportler tracken ihre Ergebnisse ständig und wissen immer wo sie stehen oder was noch fehlt um in Top-Form zu kommen. Das zeichnet die besten aus.

Das Denken und Handeln als Schlüssel zum Erfolg

Nach seiner erfolgreichen Boxkarriere nutzte Mayweather seine Denkweise auch, um ein erfolgreicher Unternehmer zu werden. Er investierte sein Geld sorgfältig, gründete eigene Unternehmen, kaufte Immobilien und sammelte ein beeindruckendes Vermögen. Sein Denkstil des „Immer weitermachens" und seine Entschlossenheit, die besten Ergebnisse zu erzielen, halfen ihm, auch außerhalb des Rings erfolgreich zu sein.

Darüber hinaus basierte Floyd Mayweathers Denkweise auf positivem Denken. Er ließ sich nicht von negativen Gedanken ablenken, visualisierte seinen Erfolg und glaubte fest daran, dass er der Beste sein konnte. Positive Gedanken ermutigten ihn, auch wenn es schwierig war, weiterzumachen und sich von Ängsten oder Zweifeln nicht überwältigen zu lassen. Obwohl auch er, wie viele Boxer, nicht aus den besten Verhältnissen kam, war sein Traum der beste zu werden immer unbeschreiblich groß, dass er sich nichts anderes vorstellen konnte.

Das Mindset ist der Schlüssel zum persönlichen Wachstum

Die Denkweise, die Mayweather beim Boxen entwickelte, half ihm nicht nur, ein erfolgreicher Boxer und Geschäftsmann zu werden, sondern half ihm auch, sich persönlich weiterzuentwickeln. Seine Fähigkeit, mit Rückschlägen umzugehen, Selbstvertrauen aufzubauen und weiter zu wachsen, hat ihn zu einem stärkeren und widerstandsfähigeren Menschen gemacht. Über die langen Jahre baute er sich ein dickes Fell für Rückschläge und andere Dinge auf. Natürlich hat jeder Mensch auch schwächen und wird emotional, aber am Ende geht es darum WIE man die Dinge sieht. Es kommt einzig und allein auf die Sichtweise an. Wie bei einem verlorenen Boxkampf. Entweder du denkst, ach ich bin ein Verlierer und kann das nicht oder du denkst, gut das dass passiert ist, ich konnte lernen und werde nun daran arbeiten.

Fazit: Floyd Mayweathers transformative Denkweise

Floyd Mayweather ist nicht nur für seine beeindruckende Boxkarriere bekannt, sondern auch für die Denkweise, die ihn zum Besten macht. Seine Hartnäckigkeit, sein Selbstvertrauen, seine unermüdliche Arbeitsmoral und seine positive Einstellung sind Schlüsselfaktoren für seinen Erfolg im Ring und darüber hinaus. Mayweather ist ein lebendiges Beispiel dafür, wie wichtig eine starke und erfolgreiche Denkweise für gutes Denken nicht nur im Boxen, sondern auch im Leben ist. Sein Vermächtnis ist eine Inspiration und eine Lektion darüber, wie wichtig positives Denken, Belastbarkeit und Erfolg in allen Aspekten des Lebens sind. Er pflegte zu sagen: „Hard Work and Dedication.“ Harte Arbeit und Entschlossenheit!

Nun kommen wir langsam aber sicher in den Praktischen Teil des Boxens... Viel Spaß!

Die verschiedenen Boxstile & Erklärung der Auslage

Beim Boxen ist der persönliche Stil eines Kämpfers sehr wichtig. Die Auslage, also die Position des Vorderfußes, ist ein zentraler Aspekt des Boxstils. Es gibt zwei Hauptauslagen – den linken (auch bekannt als „Southpaw“) und den rechten (auch bekannt als „Orthodox“). Du wirst wohl am besten wissen welche Hand deine starke ist. Wenn wie bei den meisten die rechte Hand deine starke ist, dann bist du ein Rechtsausleger, also ist demnach die linke Hand deine Führhand. Jeder Kämpfer entwickelt seinen eigenen Stil basierend auf seinem Ausdrucks- und Kampfstil. In diesem Kapitel werden wir uns die Erklärung der linken und rechten Auslage ansehen und die Merkmale des russischen, amerikanischen und kubanischen Boxstils untersuchen.

Linksauslage und Rechtsauslage

Die Linksauslage tritt auf, wenn ein Boxer sein rechtes Bein nach vorne stellt und mit der rechten Hand führt. Die meisten Menschen sind Rechtshänder, weshalb die Rechtsauslage bei den meisten Boxern vorherrscht. Die Rechtsauslage bedeutet, dass das linke Bein nach vorne gestellt wird und die linke Hand führt. Die Hand die führt, ist die Führhand. Mit diesem Arm beschäftigt man in der Regel permanent den Gegner und die Rechte kommt etwas seltener zum Einsatz. An Wladimir Klitschkos Stil kann man das sehr gut erkennen, da er fast zu 80% nur mit der Führhand arbeitet und nur selten seine Rechte reindonnert. Das ist taktisches und langes Boxen und ist gerade in der Sowjetunion ein bekannter und erfolgreicher Stil.

Die Eigenschaften der Linksauslage (auch Southpaw genannt):

Die Linksauslage hat einige Unterschiede von der Rechtsauslage. Normalerweise haben Linksausleger eine starke linke Hand, die in der Offensive nützlich sein kann. Ihre Schlagdistanz und Winkel sind häufig unterschiedlich als die von Rechtsauslegern, was ihre Gegner schwierig machen kann. Da Linksausleger auch eher daran gewöhnt sind, gegen sie zu kämpfen, haben sie häufig einen Vorteil im Umgang mit anderen Linksauslegern.

Die Besonderheiten der Rechtsauslage:

Im Boxen ist die Rechtsauslage die dominante Auslage, und die meisten Boxer sind Rechtsausleger. In Deutschland sagt man dazu auch gerne, Normalauslage. Die rechte Hand der Rechtsausleger ist eine starke Schlaghand, die häufig als Heavy Punch verwendet wird. Sie haben auch eine starke Rückhand, die bei Kontern und Kombinationen nützlich ist. Da die meisten Menschen Rechtshänder sind, haben Rechtshänder häufig eine natürliche Dominanz. Nun kommen wir zu den verschiedenen Stilen die bereits in der Boxwelt und im Olympiaboxen sehr bekannt sind.

Russischer Boxstil

Der russische Boxstil zeichnet sich durch eine starke technische Ausbildung und einen defensiven Kampfstil aus. Der Schwerpunkt des russischen Boxers liegt auf der Entwicklung effektiver Verteidigungstechniken und der Kontrolle von Gegnern aus der Distanz. Sie verwenden oft lange Stöße und führen eine präzise Koordination aus der Distanz durch. Der russische Stil ist bekannt für seinen kalten, kalkulierten Kampfansatz und die Fähigkeit, Gegner zu überlisten. Boxer wie Usyk, Klitschko und Bivol sind sehr anschauliche Boxer die diesen Stil boxen. Russischer Stil wird oft als Distanz Boxen angesehen, da sie gerne aus der länge raus arbeiten und vor allem mit Strategie für den richtigen Moment.

Amerikanischer Boxstil

Der amerikanische Boxstil zeichnet sich durch Dominanz, Hohen Skill und Offensivkraft aus. Amerikanische Boxer sind im Allgemeinen sehr sportlich und setzen auf kraftvolle Schläge, Ring IQ (Ring Intelligenz) und schnelle Bewegungen. Sie haben eine hohe Erfolgsquote und versuchen, ihre Gegner mit Kombos zu überwältigen. Auch gerne Pound for Pound genannt, weil sie oft auf Punkte setzen. Der amerikanische Stil betont auch die Fähigkeit, aus nächster Nähe zu kämpfen und Gegner mit Haken und Uppercuts zu treffen. Boxer wie Devin Haney, Gervonta Davis & Jaron Ennis repräsentieren diesen Stil auf den Punkt. Amerikaner überraschen immer sehr mit ihrem Talent und der Fähigkeit den Gegner zu kontern.

Kubanischer Boxstil

Der kubanische Boxstil ist für seine Eleganz, Beinarbeit und Geschwindigkeit bekannt. Kubanische Boxer sind hochtechnisch, verfügen über defensive Fähigkeiten und geschickte Beinarbeit. Sie nutzen oft schnelle Hin- und Her Bewegungen (Meidbewegungen) um Gegnern auszuweichen und gleichzeitig effektive Kombos auszuführen. Der kubanische Stil betont auch die Fähigkeit, das Spiel aus der Distanz zu kontrollieren und den Gegner präzise zu treffen. Außerdem sind sie extrem dafür bekannt, dass sie eine Beinarbeit wie keine andere Nation haben. Manchmal sieht es so aus als würden sie den Gegner austanzen und zwischendurch Stechen. Auch hier gibt es einige Boxer wie Andy Cruz Gomes, Rigondeuax oder Erislandy Lara. Ein schöner Boxspruch lautet:

„Boxen bedeutet treffen und nicht getroffen werden.“

Fazit der verschiedenen Boxstile:

Boxen ist ein Sport mit einer unglaublichen Vielfalt an Stilen und Techniken. Die Leistung eines Kämpfers, egal ob Linksausleger oder rechts, prägt seinen Kampfstil stark. Jeder Boxer entwickelt im Laufe seiner Karriere seinen eigenen Stil, der auf körperlichen Eigenschaften, Technik und individueller Persönlichkeit basiert. Russische, amerikanische und kubanische Boxstile sind nur einige Beispiele für die Vielfalt und Anziehungskraft des Boxens als Kampfkunst. Jeder Stil hat seine eigenen Vorteile und Herausforderungen, und es ist die Kombination aus Technik, Können und mentaler Stärke, die einen Kämpfer erfolgreich macht.

Die Bedeutung von Führhand und Schlaghand im Boxen

Im Boxen sind die Begriffe "Führhand" und "Schlaghand" von zentraler Bedeutung. Die Führhand ist die Hand, die in der Auslage des Boxers vorne steht, während die Schlaghand die Hand ist, die hinten steht. Die Auslage kann entweder die Linksauslage oder die Rechtsauslage sein, je nachdem, welches Bein vorne steht. Die Wahl der Auslage hat Auswirkungen auf die Kampfstrategie und die bevorzugten Schlagtechniken.

Die Führhand bei der Linksauslage und Rechtsauslage

Bei der Linksauslage steht das rechte Bein vorne, und die linke Hand ist die Führhand. Das bedeutet, dass die linke Hand näher am Gegner ist und in der Offensive eingesetzt wird, um Jabs (gerade Führhand) und Führhand-Schläge zu landen. Die rechte Hand ist die Schlaghand, die für kräftige Schläge und Power-Punches verantwortlich ist.

Bei der Rechtsauslage steht das linke Bein vorne, und die rechte Hand ist die Führhand. Die rechte Hand wird in diesem Fall für Jabs und Führhand-Schläge verwendet, während die linke Hand die Schlaghand ist, die für kraftvolle Schläge verantwortlich ist.

Auf dem Bild steht die Figur in normaler Rechtsauslage, wobei das linke Beine diagonal vorne steht und die Führhand auf Figur 2

ausgestreckt ist. Führhand, auch Jab (in Amerikanisch genannt)

Wie erkennt man seine starke Hand?

Die starke Hand ist in der Regel die Hand, die man im Alltag für die meisten Aufgaben bevorzugt. Für die meisten Menschen ist dies ihre rechte Hand, da die meisten Menschen Rechtshänder sind. Es gibt jedoch auch Linkshänder, für die die linke Hand ihre stärkere Hand ist. Um herauszufinden, welche Hand deine starke Hand ist, kannst du einfache Alltagstätigkeiten wie Schreiben, Essen oder Werfen beobachten und sehen, welche Hand du bevorzugst.

Erklärung einiger Boxschläge

Jab – Führhand (1): Der Jab ist ein schneller und gerader Schlag, der mit der Führhand ausgeführt wird. Er wird verwendet, um die Distanz zum Gegner zu kontrollieren, sein Timing zu stören und ihn zu attackieren. Mit dem Jab arbeitet man die meiste Zeit über.

Cross (2): Der Cross ist ein kraftvoller Schlag, der mit der Schlaghand ausgeführt wird. Er wird nach einem Jab oder als Konter eingesetzt und zielt oft auf das Gesicht des Gegners ab.

Hook – Haken (3): Der Hook ist ein seitlicher Schlag, der entweder mit der Führhand oder der Schlaghand ausgeführt werden kann. Er wird häufig gegen die Kopf- oder Körperteile des Gegners gerichtet. Es gibt eine linke oder rechte Hook, die sowohl mit der linken, als auch mit der rechten ausgeübt werden kann.

Uppercut – Aufwärtshaken (4): Der Uppercut ist ein Aufwärtshaken, der oft aus der Nahdistanz kommt. Er wird mit der Führhand oder der Schlaghand ausgeführt und zielt auf das Kinn oder den Körper des Gegners.

Overhand (5): Die Overhand ist ein Schlag, der von oben nach unten ausgeführt wird und oft als Überraschungsschlag eingesetzt wird. Er wird mit der Schlaghand ausgeführt und kann über die Deckung des Gegners gehen. Dieser Schlag ist oft ein K.O. Schlag, dazu muss allerdings Timing und Auge präzise sein und kommt also eher selten vor. Nichts ist so wichtig wie das Timing und Speed im Boxen. Dazu kommen wir noch.

Die Bedeutung der Führhand im Boxen (Der Jab)

Die Führhand ist eine der wichtigsten Waffen im Boxen. Sie wird verwendet, um die Distanz zum Gegner zu kontrollieren, seine Verteidigung zu durchbrechen und ihn zu attackieren, zu punkten. Jabs und Führhand-Schläge sind oft schneller und leichter als Power-Punches, aber sie können den

Gegner effektiv ablenken, verwirren und die Deckung öffnen, um kräftigere Schläge zu landen. Die Führhand ermöglicht es einem Boxer auch, den Rhythmus des Kampfes zu bestimmen und seinen Gegner zu kontrollieren. Bei dem Jab geht es nicht immer um Härte oder Treffer, sondern soll auch zum Irritieren und beschäftigen dienen. Man kann auch die Führhand gut nutzen um Finten anzutäuschen um den Gegner aus seiner Deckung zu locken und dann im richtigen Moment einen sauberen Treffer zu landen.

Warum man den Gegner hauptsächlich mit der Führhand beschäftigt

Die Führhand ist in der Offensive und Verteidigung von entscheidender Bedeutung. Sie dient dazu, den Gegner zu beschäftigen, seine Verteidigung zu testen und Angriffe einzuleiten. Durch das Verwenden der Führhand kann ein Boxer den Gegner aus der Distanz kontrollieren und ihn dazu zwingen, sich zu bewegen und zu reagieren. Dies schafft Raum für kräftigere Schläge und ermöglicht es dem Boxer, den Kampf zu dominieren und die Oberhand zu gewinnen. Die Führhand ist ein vielseitiges Werkzeug, das sowohl in der Offensive als auch in der Verteidigung eingesetzt werden kann und eine Schlüsselrolle für den Erfolg im Boxen spielt. Perfekte Beispiele sind Kämpfe von Wladimir Klitschko oder Devin Haney oder auch Floyd Mayweather. Sie nutzen alle ihre Führhand bis zum Anschlag aus und machen den Gegner so das Leben schwer und warten immer auf den passenden Moment.

Der Unterschied zwischen defensivem, offensivem & spieleirischen Boxen + Boxer Beispiele

Defensives Boxen:

Beim defensiven Boxen liegt der Fokus auf die Verteidigung. Ein defensiver Boxer konzentriert sich darauf, die Schläge des Gegners zu vermeiden oder zu blockieren und durch geschicktes Ausweichen oder Auszirkeln Treffer zu minimieren. Defensives Boxen ist oft geprägt von Geduld und Strategie, indem der Boxer auf Fehler des Gegners wartet, um Konter zu setzen. Ein defensiver Boxer kann sehr gefährlich werden, da er, wenn er alles richtig macht, ständig auf Lauer ist. Er setzt im richtigen Moment die Konter und punktet gerne durch Kombinationen und wartet auf Fehler des Gegners. Floyd Mayweather ist ein klassischer Defence Fighter und zeigte gegen legendäre Gegner wie Manny Pacquiao, Oscar De La Hoya oder Saul Canelo Alvarez die Kunst der defensive, indem er die Fehler der Kontrahenten immer wieder ausnutze und so punktete. Ein Boxer der defensiv boxt, arbeitet meist im Rückwartsgang und setzt viele Konter und arbeitet strategisch.

Offensives Boxen:

Beim offensiven Boxen liegt der Schwerpunkt auf der Angriffsfähigkeit des Boxers. Ein offensiver Boxer sucht aktiv nach Möglichkeiten, seinen Gegner anzugreifen und versucht, mit kraftvollen Schlägen und Kombinationen den Kampf zu dominieren. Offensives Boxen beinhaltet oft dominantes Vorgehen, um den Gegner zu überrumpeln und zu beeindrucken. Der Offensive Kampfstil richtet sich zu 90% nur mit Schritten nach vorne. Dieser Stil kann sehr effektiv sein, vor allem um den Gegner einzuschüchtern und zu arbeiten. Oft ist es so, dass viele offensive Kämpfer von defensiven Kämpfern ausggeboxt worden sind, weil sie gut ausgeguckt worden sind und im richtigen Moment einen cleveren power Punch drinnen hatten. Dafür gibt es zahlreiche Kampfbeispiele wie Mike Tyson gegen Holyfield, als Tyson emotional und aggressiv nach vorne ging und Holyfield ihn ins Leere laufen lassen hat und anschließend eine gewaltige Schlaghand in Tysons Gesicht platzierte. Oder Mayweather gegen Ricky Hatton, als Mayweather, Ricky Hatton in die Ecke lockte und anschließend einen fabelhafte linken haken auf sein Kinn platzierte.

Meiner Meinung nach sind beide Stile sehr gut und wichtig zu beherrschen, aber ein Boxer erkennt schnell was ihm mehr liegt und so erkennt man dann was man stärken kann. Wenn du erkennst das du mehr ein Offensiver Kämpfer bist, dann fördere diese Stärken und werde Meister darin. Andersrum genauso. Natürlich kann man auch beide Stile gerne boxen und während der Runden tauschen, das gehört auch dazu. Auch ich boxe gerne mal komplett im Angriffsmodus und dann wieder defensiv. Es kommt natürlich auch oft auf den Gegner an, was er macht. Boxen ist wie Schach.

Spielerische Stile:

Spielerische Stile sind oft von Eleganz, Beweglichkeit und unkonventionellen Techniken geprägt. Diese Boxer setzen auf ihre Schnelligkeit und ihre Fähigkeit, den Gegner durch unvorhersehbare Bewegungen und außergewöhnliche Schläge zu überraschen. Spielerische Stile setzen nicht nur auf pure Kraft, sondern nutzen auch Täuschung und Kreativität, um den Gegner zu überlisten. Auch wenn diese Boxer oft arrogant rüberkommen, hat es einen Grund warum sie so boxen. Boxer wie Prince Nassem Hamed oder Tyson Fury sind Weltmeister durch die spielerische Art geworden.

Muhammad Ali, auch bekannt als "The Greatest", war ein Meister der spielerischen Techniken. Sein fließender und leichtfüßiger Stil ermöglichte es ihm, seine Gegner zu irritieren und mit schnellen Bewegungen und unorthodoxen Schlägen zu überraschen. Ali setzte auch auf psychologische Kriegsführung, um seine Kontrahenten aus der Fassung zu bringen.

Letztendlich zeigt die Vielfalt der Boxstile, wie vielfältig und faszinierend der Boxsport ist. Jeder Boxer entwickelt im Laufe seiner Karriere seinen eigenen Stil, der seine Persönlichkeit und seine Fähigkeiten widerspiegelt. Ob angreifend, verteidigend oder spielerisch, das Ziel jedes Kämpfers ist es, seine Stärken einzusetzen, um im Ring erfolgreich zu sein.

Die verschiedenen Trainingsmethoden als Boxer – Ab in die Praxis

Seilspringen - Die Grundlage der Ausdauer und Koordination im Boxen

Als einfache, aber äußerst effektive Übung ist das Seilspringen zum Eckpfeiler des Boxtrainings geworden. Für Boxer ist es nicht nur eine Kindheitserinnerung, sondern ein ernstzunehmendes Hilfsmittel zur Verbesserung von Ausdauer, Koordination und Kondition. In diesem Kapitel befassen wir uns mit den Vorteilen des Seilspringens im Boxtraining, stellen verschiedene Seilspringtechniken und - Übungen für Anfänger und Fortgeschrittene vor und erklären, warum Seilspringen ein wichtiger Teil des Trainings eines jeden Boxers ist.

Vorteile des Springseils für das Boxtraining

Seilspringen ist nicht nur eine Aktivität auf dem Spielplatz, sondern gilt im Boxtraining als eine der besten Übungen zur Verbesserung der Fitness und zur Entwicklung spezifischer Fähigkeiten. Die Vorteile des Seilspringens im Boxtraining sind vielfältig:

Ausdauer:

Kontinuierliches Springen stärkt das Herz-Kreislauf-System und erhöht die aerobe Ausdauer. Boxer, die lange Runden im Ring aushalten, profitieren enorm von einer verbesserten Fitness. Viele denken immer das Boxer besonders in den Armen agil und stark sein müssen, allerdings werden die Beine oft vernachlässigt. Die Beinarbeit im Boxen ist enorm wichtig und ein Boxer ohne starke Beine wird es schwer haben. Mit stark ist belastbar, schnell und koordinativ gemeint. Seilspringen fördert diese Komponente sehr und ist sehr effektiv für die gesamte Fitness.

Kombination:

Seilspringen erfordert eine präzise Hand-Fuß-Koordination, die die Verbindung der Sinne im Körper fördert. Dies ist beim Boxen sehr wichtig, da präzise Bewegungen und schnelle Reaktionen gefragt sind.

Beinarbeit:

Die rhythmische Bewegung des Springseils simuliert die Beinarbeit im Boxring. Boxer lernen, leicht auf den Zehenspitzen zu landen, was ihnen hilft, beweglich zu sein und sich effizient zu bewegen. Besonders erfolgreich beim Thema Beinarbeit sind die Kubaner. Sie verlassen sich nahezu nur auf ihre Schnelligkeit der Beine und gehören zu den erfolgreichsten Olympia Boxathleten der Welt.

Geschwindigkeit und Reaktionsfähigkeit:

Seilspringen fördert die schnelle Beinarbeit und schult die Reflexe. Dies ist besonders wichtig, um Angriffe zu vermeiden und Gegenangriffe auszunutzen.

Kalorien verbrennen:

Seilspringen ist eine hochintensive Übung, die viele Kalorien verbrennt. Es kann bei der Gewichtskontrolle oder beim Abnehmen helfen, was beim Gewicht machen vor dem Kampf wichtig ist.

Verschiedene Springseiltechniken und Übungen für Anfänger und Fortgeschrittene

Einfaches Seilspringen:

Anfänger können mit einem einfachen Springseil beginnen. Halten Sie das Seil mit beiden Händen und springen Sie über das Seil, indem Sie Ihre Handgelenke beugen. Konzentrieren Sie sich darauf, gleichmäßig und auf den Zehenspitzen zu landen. Das Seil sollte mindestens so lang sein, das du es mit deinen Händen seitlich hochhalten kannst bis zur Schulter.

Doppelsprung:

Sobald Sie die Grundlagen des Seilspringens beherrschen, können Sie versuchen, in jeder Schleife zwei Sprünge auszuführen. Dies erfordert mehr Zeit und Koordination. Aber vergiss nicht, Übung macht den Meister.

Quersprung:

Die Beine werden abwechselnd gekreuzt, während das Seil unter den Füßen schwingt. Dies ist eine anspruchsvolle Übung, die die Koordination verbessert.

Seitliches springen:

Springe über das Seil, indem du deine Füße zusammenbringst, und spring dann zurück. Dies fördert die seitliche Beweglichkeit. Spring in deiner Boxstellung hin und her.

Hochsprung:

Bei dieser fortgeschrittenen Technik versuche, so hoch wie möglich zu springen und dabei das Seil unter deinen Körper zu legen. Dadurch werden Explosivkraft und Beinkraft trainiert.

Warum Boxer so lange seilspringen und warum es wichtig ist

Das lange Seilspringen ist eine gängige Praxis im Boxtraining. Boxer springen oft für mehrere Runden, um ihre Ausdauer zu steigern und ihre Beinarbeit zu verbessern. Diese Praxis simuliert die Kondition, die während eines tatsächlichen Kampfes benötigt wird, und trainiert Boxer, in Bewegung zu bleiben und gleichzeitig präzise Schläge auszuführen. Ich habe in meinen Zeiten der Vorbereitung mehrere Seilspring Intervalle in der Woche gemacht und es hat A) geholfen beim schnellen Abnehmen für den Kampf B) meine Beine stärker, schneller, belastbarer und koordinativer gemacht C) Ausdauer an die Spitze getrieben. Heute ist das Seilspringen eine Trainingsgewohnheit geworden und ich kann es mir nicht wegdenken. Es stärkt nicht nur die Beine und die Fähigkeit der Bewegungen, sondern auch den Oberkörper und vor allem die Schultern. Das Seilspringen ist eine Übung, die die Grundlagen des Boxens anspricht.

Insgesamt ist das Seilspringen weit mehr als nur eine einfache Übung. Es ist ein mächtiges Werkzeug, um die grundlegenden Fähigkeiten eines erfolgreichen Boxers zu entwickeln. Boxer, die das Seilspringen ernst nehmen, werden mit einer verbesserten Ausdauer, Koordination und Beweglichkeit belohnt - entscheidende Eigenschaften, um im Ring erfolgreich zu sein. Gerade zu Beginn empfehle ich dir, dich viel mit dem Seilspringen zu beschäftigen um so deine Beine Ringbereit zu machen. Nimm dein Springseil, geh auf einen Sportplatz oder in ein Fitnesstudio und springe 3x3 Minuten zum Beispiel, wenn das zu viel ist, dann erstmal 3x2 Minuten durch. Es wird dich unfassbar gut vorbereiten. Es wird am Anfang, wenn du es nie gemacht hast, natürlich erstmal anstrengend und deine Schultern werden brennen, deswegen fange so klein an wie möglich, sodass es Spaß macht und etwas anstrengend. Auch wenn es erstmal 1 Minute Springen und 1 Minute Pause ist. Hauptsache du kommst in den Flow und arbeitest dich hoch in dieser Disziplin, denn glaube mir, du wirst sie brauchen als Boxer. Seilspringen ist ein Training auf das viele Boxer keine Lust haben, aber wenn du genau da ansetzt und das Seilspringen als Routine einsetzt, wirst du schnell über dich hinauswachsen. Du kannst dir auch zahlreiche Youtube Videos zu dem Thema anschauen, indem du Skipping Ropes for Boxer eingibst oder Seilspringen für Boxer. Da lernst du gute Techniken kennen und kannst eventuell Intervalle einbauen mit der Zeit! Das stärkt dann nicht nur deine Ausdauer, sondern auch deine Koordination und Beinarbeit.

Schattenboxen – Perfektionierung der Technik im Boxen

Schattenboxen ist eine der komplexesten Übungen im Boxtraining und schafft eine einzigartige Verbindung zwischen Körper und Geist. Es ist mehr als nur das Winken von Armen und Beinen im leeren Raum – es ist ein künstlerischer Ausdruck, der die Boxtechnik verfeinert und die Fähigkeiten eines Boxers auf subtile, aber wichtige Weise verbessert. In diesem Kapitel befassen wir uns mit der Kunst des Schattenboxens, wie es sich auf die Boxtechnik auswirkt und warum die Angewohnheit des Schattenboxens Sie zu einem besseren Boxer machen kann.

Die Kunst des Schattenboxens

Schattenboxen mag wie ein Solotanz im Ring erscheinen, aber es ist mehr als das: Es ist eine disziplinierte Praxis, bei der ein Boxer Technik, Bewegung und seine Aktionen und Strategien visualisiert, während er sie umsetzt. Es ermöglicht dem Boxer, seine eigenen Nachforschungen anzustellen, seine Schwächen zu identifizieren und seine Stärken hervorzuheben.

Schattenboxen ist eine wesentliche Technik, die beim Boxen oft übersehen wird. Viele Sportler konzentrieren sich nur auf das Training mit Boxsäcken oder das Training im Ring mit Partner oder Pratzenarbeit mit dem Trainer. Allerdings spielt Schattenboxen eine wichtige Rolle beim

Aufbau von Technik, Geschwindigkeit, Präzision und Ausdauer.

Zum einen hilft Schattenboxen dabei, die Grundlagen der Boxtechnik zu festigen. Durch die Nachahmung von Bewegungen und Schlägen perfektionierest du deine Technik. Die kontinuierliche Wiederholung von Bewegungen verbessert das Gedächtnis und die Muskelkoordination. Es ermöglicht Kämpfern auch, ihre Schwächen zu erkennen und zu überwinden, ohne einem echten Gegner gegenüberzutreten. Bruce Lee sagte einst: „ich fürchte nicht den Mann, der 10.000 Kicks einmal übte, sondern den Mann der einen kick 10.000 Mal übte." Was einfach nur im Klartext bedeutet, Wiederholung macht den Meister. Wenn du die Führhand nicht gut beherrschst, dann trainiere 31 Tage jeden Tag für 10 Minuten deine Führhand. Übe dich in der richtigen Ausführung, in der richtigen Schlagtechnik, in allem was dazu gehört und glaube mir, nach diesen 31 Tagen tagtägliche Wiederholung wirst du einen massiven Unterschied merken. Es muss noch nicht mal anstrengend sein, sondern einfach nur langweilig, aber extrem effektiv. Verlieb dich in die kleinen langweiligen Dinge des Trainings und werde Meister in einer Sache, wofür due schließlich bekannt und gefürchtet wirst. Klingt vielleicht komisch, aber so ist es.

Zweitens ist das Schattenboxen eine großartige Möglichkeit, Geschwindigkeit und Reaktion zu verbessern. Indem du dir vorstellst, gegen einen unsichtbaren Gegner zu kämpfen, kannst du deine Reflexe trainieren und deine Schlaggenauigkeit erhöhen. Boxer können verschiedene Kombinationen ausprobieren und ihre Schläge richtig ausführen. Darüber hinaus ermöglicht Schattenboxen eine bessere Kontrolle über den eigenen Körper und die Bewegungen. Allein die Bewegungen im Schattenboxen, die nichts mit dem Schlagen zutun haben, wie das Blocken, Meiden, Abtauchen, Boxerschritte, Side-Steps und so weiter werden hierbei schon trainiert und sind ebenfalls extrem wichtig. Ein beweglicher Boxer ist immer einen Schritt voraus.

Beim Schattenboxen wird jeder Muskel im Körper trainiert und so Kraft und Ausdauer verbessert. Durch die Konzentration auf die richtige Form und die Ausführung von Schlägen werden auch die Rumpf- und Beinmuskulatur gestärkt. Diese Muskelgruppen sind wichtig für Stabilität und Kraftübertragung beim Boxen.

Die Bedeutung des Schattenboxens zur Vorbereitung auf echte Kämpfe

Ein Boxkampf ist nicht nur körperlich, sondern auch geistig anspruchsvoll. Schattenboxen schafft eine mentale Brücke zwischen Training und Kampf, indem es den Boxer in eine Kampfsituation versetzt, ohne dass er einem Gegner direkt gegenübertreten muss. Es ermöglicht Boxern, Taktiken zu entwickeln, Strategien zu planen und sich auf verschiedene Situationen vorzubereiten.

Ein Boxer muss sich auf seine Bewegungen, Techniken und Routinen konzentrieren, wenn er gegen einen imaginären Gegner kämpft. Diese mentale Disziplin kann in einem echten Kampf von unschätzbarem Wert sein, um ruhig zu bleiben, die richtigen Entscheidungen zu treffen und angesichts der Aktionen des Gegners flexibel zu sein.

Die größten Vorteile vom Schattenboxen

Technikverfeinerung: Durch das konzentrierte Üben von Bewegungen und Schlägen kannst du deine Technik ständig verbessern und polieren. Du wirst auch merken, was dir noch fehlt und kannst dort ansetzen und immer weiter schleifen.

Mentale Stärke: Schattenboxen schult deine mentale Ausdauer, Konzentration und Vorstellungskraft, was dir im Ring zugutekommt.

Selbstbewusstsein: Die Verfeinerung deiner Fähigkeiten und das mentale Training durch Schattenboxen können dein Selbstvertrauen stärken.

Vorbereitung auf den Kampf: Schattenboxen hilft dir, Kampfsituationen zu visualisieren und dich auf verschiedene Gegner und Szenarien vorzubereiten.

Kontinuität: Es ist eine Übung, die du überall und jederzeit durchführen kannst. Eine konsequente Schattenbox-Routine hält dich im Training, selbst wenn du nicht im Boxverein bist. Du kannst es nach dem Joggen machen, zu Hause oder sonst wo. Für ein Schattenbox Training benötigst du maximal 4-5qm Platz, wenn überhaupt.

Alles in allem ist Schattenboxen eine effektive Möglichkeit, deine Boxfähigkeiten zu verbessern. Es ermöglicht dir, deine Technik zu verbessern, mentale Stärke zu entwickeln und dich auf echte Kämpfe vorzubereiten. Eine strukturierte Schattenboxroutine kann den Unterschied zwischen einem guten und einem großartigen Boxer ausmachen, da es dir ermöglicht, deine besten Fähigkeiten in den Ring zu bringen. Mein Tipp: Egal ob Du 5km joggen warst, Fußball spielen gehst oder Krafttraining gemacht hast. Baue gerade am Anfang deiner Karriere immer das 3x3 Minuten Schattenboxen mit ein. Egal ob am Anfang des Trainings oder danach. Wichtig zu verstehen ist, dass Schattenboxen nicht hart sein muss und soll es auch nicht. Es geht um smarte und schnelle Hände und Bewegungen. Versetze dich in das Sparring oder schaue dir Youtube Videos von anderen guten Boxern an und lerne von ihnen. Unter anderem kannst Du auch auf meinem Youtube Kanal: Arijon The Boxer, einiges sehen, was dir helfen wird.

Lauftraining – Kondition und Ausdauer im Boxen

Laufen ist ein wesentlicher Bestandteil des Boxtrainings und für die Entwicklung von Ausdauer, Kondition und mentaler Stärke unerlässlich. Für Boxer ist Laufen mehr als nur körperliches Training – es ist eine Möglichkeit, sich auf Herausforderungen im Ring vorzubereiten und seine Leistung zu verbessern. In diesem Kapitel untersuchen wir die wichtige Rolle, die das Laufen beim Boxen spielt, entwickeln einen effektiven Laufplan für Anfänger und Fortgeschrittene und erklären die Bedeutung der Laufreichweite. Schonmal ein wichtiger Tipp am Rande, wenn Du gerade noch am kompletten Anfang mit dem Leistungssport allgemein stehst, dann fange bitte klein an. Das ist ganz wichtig, sonst besteht die Gefahr das du zum Start schon zu viel machst und Muskelkater bekommst und gibst schneller auf als du bis 10 zählen kannst. So ist es eigentlich bei allen Lebensbereichen, in denen wir erfolgreich werden möchten. Klein starten, aber groß denken. Lauf lieber 2km am Tag, als in einer Woche 20 und danach nie wieder. Genauso ist es auch bei anderen Gewohnheitsentwicklungen wie das Lesen oder Dehnen. Lies lieber 5 Seiten am Tag, aber dafür jeden Tag, dann hast du nach 2 Jahren im Schnitt 30 Bücher gelesen. Das ist doch 1000 Mal besser als mal einen Monat sich zu überausgaben in dem Gebiet und 10

Bücher zu lesen, dann nie wieder. Wir dürfen nie die Lust verlieren & das geht nur dann, wenn man seinen Körper dahingehend aufbaut und Zeit gibt. Dein Körper wird mit der Zeit sowieso nach mehr schreien und dann gibst du es ihm. Es muss Spaß machen, selbst quälen, macht irgendwann spaß, aber das ist ein Prozess! Ein Training muss nicht immer eine Qual sein, sondern eine Gewohnheit, die durch eiserne Disziplin entwickelt wird.

Warum Laufen für Boxer notwendig ist

Beim Boxen kommt es auf die Ausdauer an. Ein Boxkampf kann viele Runden dauern und die Fähigkeit, die Anstrengung über einen längeren Zeitraum aufrechtzuerhalten, ist das Wichtigste. Ein klassischer Amateurkampf, geht über 3 Runden A 3 Minuten. Hört sich vielleicht erstmal nicht viel an, aber mach das erst einmal und dann weißt du was hart ist. Laufen ist eine bewährte Möglichkeit, die Herz-Kreislauf-Gesundheit zu verbessern, die Lungenkapazität zu erhöhen und die Muskelausdauer zu steigern – alles Schlüsselfaktoren für den Boxerfolg.

Laufen stärkt auch die mentale Stärke und Belastbarkeit. Auf lange Sicht lernt ein Boxer, mit Müdigkeit und Unwohlsein umzugehen, was ihm im Ring sehr hilft. Laufen kann helfen, Willenskraft aufzubauen und das Selbstvertrauen zu stärken, wenn ein Kämpfer erkennt, dass er seine körperlichen Grenzen überwinden kann.

Ein gut strukturierter Lauftrainingsplan ist der Schlüssel zur kontinuierlichen Verbesserung. Hier ist ein Beispiel für einen solchen Plan, der sowohl für Anfänger als auch für Fortgeschrittene geeignet sein kann:

Anfänger (1-2 Mal pro Woche):

Wochen 1-2:

Beginne mit mäßiger Geschwindigkeit (ca. 8-10km/h). Laufe 20 bis 30 Minuten ohne Unterbrechung.

Wochen 3-4:

Erhöhe die Laufzeit schrittweise auf 30-40 Minuten. Füge einen Intervalltrainingstag hinzu (siehe unten).

Wochen 5-6:

Laufe 2 Mal pro Woche, jedes Mal 30–45 Minuten. Kombiniere längeres und langsameres Laufen, um die Ausdauer zu steigern.

Fortgeschrittene

(2-4 Mal pro Woche):

Wochen 1-2:

Laufe 30 bis 45 Minuten pro Einheit. Füge zweimal pro Woche Intervalltraining hinzu.

Wochen 3-4:

Erhöhe die Intensität der Intervalle. Füge einen Tag Schnelllauf hinzu (ca. 20–30 Minuten in schnellerem Tempo).

Am Ende des Tages geht es darum sein eigenes Trainingstempo herauszufinden. Das sind keine Pflichten, allerdings gute Richtlinien um sich daran zu halten.

Erklärung des Intervalltrainings

Intervalltraining ist eine wirksame Methode zur Steigerung der Herzfrequenz und zur Verbesserung der aeroben Kapazität. Bei diesem Ansatz wechseln sich intensive Laufphasen mit Erholungsphasen ab. Beispielsweise könnte ein Boxer ein bis zwei Minuten lang schnell laufen (rennen) und anschließend ein bis zwei Minuten lang langsam laufen oder gehen, um sich abzukühlen und auf den nächsten Schnelllauf vorbereiten.

Intervalltraining ahmt die Intensitätsschwankungen eines Boxkampfs nach und hilft Boxern, sich auf plötzliche Energieanforderungen vorzubereiten. Außerdem fördert es die Fähigkeit des Körpers, sich nach einer Anstrengung schnell zu erholen. Intervalltraining sollte immer mit einem gründlichen Aufwärmen beginnen und mit einem Cool-Down enden.

Mein Geheimtipp für starke Intervalle als Boxer:

Laufe 1min schnell, je nach Form, zwischen 14-20km/h, daraufhin 2 Min langsam und das ganze in ungefähr 6x Wiederholung. Also 6 hohe Steigungsläufe und 6 Cool Down Phasen.

Oder der Boxerlaufintervall: 3Min Hohes Tempo, aber kein Sprint, bis zu 14-17 km/h und 3 Minuten traben (ca.5-6 km/h) und das ganze 3X wie ein Amateurkampf. 3x3 Minuten hohe läuferische Beansprachung.

Im Allgemeinen ist Laufen ein wesentlicher Bestandteil des Boxtrainings und trägt dazu bei, die Ausdauer sowie die körperliche und geistige Belastbarkeit eines Boxers zu stärken. Ein gut geplantes Lauftrainingsprogramm mit Intervallen kann dem Boxer dabei helfen, im Ring höhere Level zu erreichen und Herausforderungen leichter zu meistern.

Wichtiger Tipp: Dehne & strecke dich nach jedem Training oder an jedem Abend. Das Dehnen und Strecken des Körpers nach dem Sport oder am Abend ist eine lohnende Übung mit vielen gesundheitlichen und ästhetischen Vorteilen. Es dient nicht nur der Entspannung der Muskulatur, sondern fördert auch die Beweglichkeit, verbessert die Durchblutung und fördert die Regeneration. Baue diese Gewohnheit in den Sportleralltag mit ein und du wirst erkennen welche körperlichen Fortschritte du machst!

Beinarbeit und Koordinationstraining beim Boxen

Beinarbeit ist ein wesentlicher Bestandteil des Boxens und kann den Unterschied zwischen einem durchschnittlichen Boxer und einem hervorragenden Boxer ausmachen. Es ist eng mit Beweglichkeit, Schnelligkeit und Koordination verbunden und hat einen erheblichen Einfluss auf die Gesamtleistung im Ring. In diesem Abschnitt befassen wir uns mit der Bedeutung der Beinarbeit beim Boxen, stellen verschiedene Übungen zur Verbesserung der Beinarbeit, Flexibilität und Koordination vor und erklären die Übungen, wie zum Beispiel Hütchenläufe, Stabilisation der Beine, Leiterübungen und Tippelschritte. Wie du klar erkennen kannst hat Boxen nicht nur mit "Boxen" an sich zu tun. Um den Unterschied zu erreichen und ein anderes höheres Level vom Boxen erreichen will, gehören all diese Dinge dazu, wie das Beinarbeitstraining, Seilspringen, Schattenbox Einheiten, Koordinationstraining, Schwimmen und so weiter. Natürlich ist dies keine Pflicht, aber um ein Top Level zu erreichen, solltest du diese Dinge beherzigen und kennen.

Die Bedeutung der Beinarbeit

Bei der Beinarbeit geht es um mehr als nur das Bewegen der Füße. Es ermöglicht dem Boxer, einen präzisen Abstand zum Gegner einzuhalten, Angriffen auszuweichen, Sidesteps einzubauen um den Gegner zu irritieren und anschließend zu treffen, Gegenangriffe durchzuführen und sich geschickt im Ring zu bewegen. Die effektive Beinarbeit ermöglicht es dem Boxer, schnell zu reagieren, dem Schlag auszuweichen und gleichzeitig in der optimalen Position zu bleiben, um den Schlag auszuführen.

Die Beinarbeit beeinflusst auch die allgemeine Koordination und Körperstabilität. Die koordinierte Bewegung der Füße ermöglicht es dem Boxer, das Gleichgewicht zu halten, sich reibungslos zu bewegen und schnell die Richtung zu wechseln. Dies ist besonders wichtig, um den Gegner immer einen Schritt voraus zu sein und die Kontrolle über den Kampf zu behalten. In der Regel gilt, je leichtfüßiger und stabiler du auf den Beinen bist, desto besser kannst du boxen. Deswegen empfehle ich auch gerade zum Beginn, dass man mal nur die boxerischen Bewegungen übt wie die Boxsprünge, Abtauchen, Meiden, Nah vorne und hinten bewegen in der Boxstellung. Auf solche Dinge kommt es an, nicht nur auf das Schlagen und treffen. Ein Kampf gewinnt man nicht, indem man einfach viel schlägt, sondern eine Taktik hat, die auf Angriff, Beinarbeit, Defensives Boxen und Strategie basiert. Du willst nicht getroffen werden, aber dafür viel treffen. Das sollte dein Ziel sein als Boxer!

Übungen zur Verbesserung der Beinarbeit, Beweglichkeit und Koordination

Hütchenläufe: Platziere Hütchen in einer Reihe und führe schnelle Seitwärtsbewegungen zwischen ihnen aus. Stelle ein Hütchen auf und bewege dich in der Boxerstellung um das Hütchen und jede 15 Sekunden kommst du mit einer Kombination. Dies fördert die seitliche Beweglichkeit und schnelle Richtungswechsel.

Stabilisation der Beine: Stehe auf einem Bein und mache kleine, kontrollierte Bewegungen, um die Stabilität der Beine zu verbessern. Dies hilft, das Gleichgewicht zu halten und die Koordination zu schulen.

Leiterübungen: Verwende eine Leiter auf dem Boden und führe verschiedene Schritte und Muster durch, um die Beinarbeit zu trainieren. Das verbessert die Schnelligkeit und Präzision der Fußbewegungen.

Tippelschritte: Führe schnelle, kurze Schritte auf der Stelle aus, während du die Arme in Boxposition hältst. Dies simuliert die schnelle Fußarbeit im Ring und verbessert die Reaktionsfähigkeit.

Es gibt unzählige Übungen was das angeht und deswegen kann ich dir nur wärmstens empfehlen auf meinen Youtube Kanal „Arijon The Boxer“ zu gehen und viele Übungen dort nachzumachen. Diese Übungen sind genau für Dich gemacht und sollen dir helfen stetig ein besserer Boxer zu werden. Ich zeige dort viele Übungen die man alleine zu Haus oder mit Partner machen kann. Außerdem für den Anfänger und für den etwas Fortgeschrittenen Boxer. Viel Spaß dabei!

Regelmäßiges Üben dieser Übungen verbessert die Beinarbeit, Leichtfüßigkeit und Koordination eines Boxers erheblich. Sie ermöglichen es einem Boxer, agil, wendig und präzise zu sein, was für den Erfolg im Ring entscheidend ist. Eine solide Beinarbeit kann den entscheidenden Unterschied machen, wenn es darum geht, den Gegner zu überholen und den Kampf zu dominieren. Sei deinen Gegner immer ein Schritt voraus, indem du gewisse Übungen konstant beibehältst und übe dich somit in eiserner Disziplin. So wirst du 90% der anderen, die keine Lust auf sowas haben, überholen! Die Disziplin ist es, was die Gewinner von den Verlierern trennt. Der Gewinner eignet sich Disziplin an und setzt nicht ständig auf Motivation

Ernährung und Gewichtskontrolle

Die richtige Ernährung ist die Grundlage des Boxtrainings und spielt eine wichtige Rolle für die Leistung, Ausdauer und Gesundheit eines Boxers. Im Ring steckt nicht nur Kraft, Technik, sondern auch Energie, die der Körper bereitstellen kann. In diesem Kapitel untersuchen wir die Bedeutung einer guten Ernährung für einen Boxer, diskutieren Strategien zum Abnehmen oder Halten des Gewichts vor einem Kampf und betonen die Bedeutung der Gewichtsabnahme.

Für Boxer geeignete Diät:

Die Ernährung eines Boxers sollte darauf abzielen, Energie für Training und Kampf bereitzustellen, die Muskelregeneration zu unterstützen und die allgemeine Gesundheit zu unterstützen. Boxer haben aufgrund der Anstrengung, der kontinuierlichen Bewegung und des erhöhten Kalorienverbrauchs während des Trainings einen erhöhten Energiebedarf. Eine ausgewogene Ernährung sollte Kohlenhydrate, Proteine, Fette, Vitamine und Mineralstoffe in angemessenen Mengen enthalten. Außerdem sollte viel Wert auf die Wasserzufuhr eines Körpers genommen, auch außerhalb des Boxens. Wasser gibt deinem Körper eine gute Ausstrahlung, reinere Haut, ein stärkeres Immunsystem und hält dich vital im Alltag. Trinke jeden Tag genügend Wasser. Hier ein paar kleine Tipps zur Ernährung.

Kohlenhydrate: Sie sind die Hauptquelle der Energie für Boxer. Komplexe Kohlenhydrate wie Vollkornprodukte, Gemüse und Obst sollten den Großteil der Ernährung ausmachen und vor dem Training für ausreichende Energie sorgen.

Proteine: Proteine sind wichtig für den Muskelaufbau und die Reparatur. Mageres Fleisch, Geflügel, Fisch, Hülsenfrüchte und Milchprodukte sind ausgezeichnete Proteinquellen.

Fette: Gesunde Fette aus Nüssen, Samen, Avocado und fettem Fisch sind wichtig für die langfristige Energiebereitstellung und die Aufrechterhaltung des Hormonhaushalts.

Vitamine und Mineralstoffe: Obst, Gemüse und Nüsse liefern eine breite Palette von Vitaminen und Mineralstoffen, die für die Gesundheit und die optimale Leistungsfähigkeit wichtig sind.

Wasser: Ausreichendes Trinken von Wasser ist entscheidend, um den Körper hydratisiert zu halten. Dehydrierung kann die Leistungsfähigkeit beeinträchtigen und zu Erschöpfung führen.

Ich möchte hier nicht den rahmen sprengen für diesen Teil, allerdings musste er angeschnitten werden, weil egal in welchem Sport, die Ernährung einen Grundbaustein für den Erfolg darstellt.

Mein Tipp: Ernähre dich ausgewogen. Iss geregelt (3x am Tag zu gewissen Zeiten) Achte darauf das du genügend Energien über den Tag reinkriegst (mit den Tipps von oben), ausreichend Wasser trinkst (mind. 2 Liter täglich), versuchst auf Zucker zu verzichten (oder maximal minimierst) und kurz vor dem Schlafen gehen nicht viel isst oder gar nichts ist, das kann dein Schlaf beeinträchtigen und der ist wiederrum enorm wichtig für den nächsten Tag. Einmal die Woche kann ich dir empfehlen einen Saunabesuch zu machen oder ein 15-20 Minütiges heißes Bad zu nehmen um die Muskeln zu regenerieren.

Abschluss

Mit diesem Buch hast du eine Reise in die Welt des Boxens unternommen - eine Reise, die dir Einblick in die Essenz dieses wunderschönen Sports gibt. Du hast die Grundlagen des Boxens erlernt, von den komplexen Techniken bis hin zur psychologischen Stärke, die einen echten Boxer ausmacht. Du hast wahrscheinlich schon in Boxhallen geschaut, den Schweiß und die Entschlossenheit der Kämpfer miterlebt und die transformative Kraft des Trainings erlebt. Das ist der richtige Weg.

Dein Wissen über die Trainingsübungen, die die Grundlage jedes erfolgreichen Boxers bilden, ist jetzt ein wertvolles Gut. Du weißt, wie wichtig Seilspringen, Boxen, Laufen, Krafttraining und Beinarbeit sind. Du wirst verstehen, wie diese Übungen den Körper formen und den Geist stärken und wie sie geistige Ausdauer, Koordination und Entschlossenheit fördern.

Wie Du gemerkt hast, ist das Boxen mehr als nur physische Betätigung, Kraft & Härte. Es geht ebenfalls viel um Strategie, Smartness, gezielte Bewegungen und mehr. Du hast Einblick in die Boxerpsychologie erhalten, gelernt, wie Ängste überwunden und der Wille geschärft werden können. Du hast die Bedeutung von Disziplin und Durchhaltevermögen verstanden, sowohl im Ring als auch im Leben. Das Boxen zeigt dir, dass wahre Stärke von innen kommt - von einem unerschütterlichen

Glauben an dich selbst und einem unbeirrbaren Streben nach Verbesserung. Aufgeben ist NIE eine Option. Jeder kann scheitern, aber es zählt nur, wer aus seinen Fehlern lernt und unermüdlich weitermacht. Das zeichnet den wahren Champion aus!

Während du diese Zeilen liest, stehe ich vor dir als dein Trainer und Mentor, um dir zu versichern, dass deine Reise gerade erst begonnen hat. Die Boxhallen warten darauf, von deinen Schritten belebt zu werden, die Trainingshandschuhe warten darauf, getragen zu werden, und der Ring wartet darauf, dein Können zu zeigen. Ich wünsche dir eine unvergessliche Reise, angefüllt mit harten Trainingseinheiten, erhebenden Erfolgen und wertvollen Lektionen. Tipp dazu: Lerne aus meinen Youtube Videos – Arijon The Boxer - und werde ein stetig besserer Boxer und schließlich eine stärkere Version von dir.

Geh mit Selbstvertrauen und Begeisterung voran, und möge dein Weg im Boxen genauso erfüllend sein wie er herausfordernd ist. Die Bühne ist bereit, die Handschuhe sind angezogen - deine Geschichte als Boxer beginnt jetzt. Mach das Beste daraus und kämpfe mit Leidenschaft und Integrität. An die, die Lust haben echte Kämpfe zu beschreiten: Glaube mir eins, das habe ich nämlich des Öfteren am eigenen Leib gespürt, nichts ist schöner als wenn deine harte Arbeit sich bezahlt macht und deine Hand im Ring gehoben wird. You are the Champion.

Mit Respekt und Bewunderung,

Dein Arijon

P.S. mein schönster Moment im Boxen bis dato. Der Sieg im Finale der Westfalenmeisterschafften. Glaube mir, es lohnt sich!

Vielen Dank für den Kauf des Buchs, ich hoffe es hat dir gefallen und du bist gewillt mir eine nette Bewertung da zu lassen. Darüber wäre ich sehr erfreut.

Zitate von bekannten Boxlegenden an die du dich auf deinem Weg gerne erinnern darfst:

„Sobald die Glocke ertönt bist Du alleine. Dann sind es nur noch Du und der andere Typ."

- Schwergewichtslegende Joe Luis

„Er mag ein großes Herz haben, er mag härter schlagen und stärker sein als ich, aber es gibt keinen Boxer, der schlauer ist als ich."

- Floyd Money Mayweather

„Ich habe den Leuten schon erzählt, dass ich der Größte bin, da wusste ich selber noch nicht, dass ich der Größte bin."

- Muhammad Ali

„In zwölf Runden lernen sich Boxer besser kennen, als so manche Menschen in zwölf Jahren im Büro."

- Wilfried Sauerland

„Wenn Du auch nur träumst mich zu besiegen, dann solltest Du schleunigst aufwachen und Dich bei mir entschuldigen."

- Muhammad Ali

„Ich gebe unter Druck nicht auf, große Sportler erbringen unter Druck bessere Leistungen, also setzen Sie mich unter Druck."

- Floyd Money Mayweather

IMPRESSUM:

Arijon Kamaj

Schlangenstr. 4

44319 Dortmund

arijon.online@gmail.com

Printed in France by Amazon
Brétigny-sur-Orge, FR

16333421R00049